CASTILLOS DE ESPAÑA

Ediciones Rayuela

EDICIONES RAYUELA, S. L.
C/. Jesús, 1
46007 VALENCIA

Dirección de la Obra:
Francisco Flores Cenamor

Textos:
José López Martínez

Fotografía:
Jorge Vergara - Federico Puigdeval - Oscar Flores

Archivo y Documentación:
Susana Flores

C/. Soria, 13
28830 SAN FERNANDO DE HENARES (Madrid)

I.S.B.N.: 84-465-0032-9 (Obra completa)
I.S.B.N.: 84-465-0030-2 (Tomo I)
Depósito Legal: M-35.535-1993

Impresión:
Marte

Fotomecánica:
Eurocolor

Fotocomposición:
Manuel Caballero

Encuadernación:
Larmor

PRESENTACION

«Sentir España» no nace para ser una colección más entre las varias que, so pretexto de un manido tipismo, ofrecen tópica visión de este maravilloso país; *«Sentir España»* va a ser la colección de libros que haciendo honor a ese genérico enunciado llevará al lector a la materialización de un *sentimiento,* el de *amar* a España al conocerla. Ciertos sentimientos no se miden por la vara del deslumbramiento espectacular para la vista, sino por la hondura del razonamiento a que nos conduce, en ocasiones, la apreciación subjetiva de lo que vemos.

Decir que España es bellísima casi no significa decir nada si nos limitamos a contemplar sus campos, pueblos, ciudades, castillos, monumentos, hospederías, ríos, montes, ensenadas, playas, catedrales, monasterios, jardines, festejos de ancestral origen y folklore, utilizando sólo nuestra retina como si fuese un objetivo fotográfico, porque éste no capta nunca el alma de las cosas; se hace preciso ir más hacia dentro. Decía Amiel que *«el paisaje es un estado del alma»*, y ello es verdad aplicable a cuanto como enunciado general, ni selectivo ni completo, apuntábamos antes.

Conscientes de lo fácil que habría sido caer en la tentación de ofrecer una mera colección de postales, con rutinario pie de texto, los editores de esta magnífica obra que hoy se ofrece al lector han eludido sabiamente ese peligro al encomendar la redacción de sus páginas a un equipo de escritores, que además de su buen hacer profesional, con nombres todos de reconocido prestigio, van a transmitir un hondo sentimiento de amor a los destinatarios de estos libros, por partir del principio de que ellos mismos son enamorados de España, *sintiéndola,* sin caer en chovismos ni en su polo opuesto, esto es, en la desmitificación, en la iconoclastia de todo cuanto, desde luego desacertadamente, han escrito otros con la torpe pasión del patrioterismo.

Tres son los temas con los que esta colección —necesariamente insistimos afirmando que distinta por completo a cuantas hasta ahora se han conocido— inicia su andadura editorial: *Paradores, Pueblos y Castillos de España.* Cuando en principio podría parecer a algunos que todo ya estaba dicho al respecto bastará tener en las manos uno cualquiera de los ejemplares, que con esmeradísima edición se ofrece, cuidando al máximo cada detalle, para que el escepticismo se trueque fácilmente en entusiasmo al comprobar cómo de manera aparentemente simple pero, desde luego, enjundiosa y amena, queda en estas páginas reflejado todo aquello que en el panorama turístico español —no en balde uno de los pilares básicos hoy de nuestra economía— supuso la puesta en marcha de ese ya prestigiosísimo sistema de hospedajes, esparcido por toda la geografía española: los *Paradores Nacionales.*

Del mismo modo captará rápidamente el lector que la singularidad de los *Pueblos* españoles nace de una inseparable conjunción de Naturaleza e Historia, porque todo en España se reconduce, en definitiva, a la singularidad de su variadísima geografía y al prodigio de su acontecer histórico.

España, país del Occidente cristiano que vivió en su propio territorio ochocientos años de guerra de *cruzadas,* es la nación de los *Castillos* con solidez de fábricas alzadas para contener invasiones más que para el esplendor de la vida regalada de esas mansiones, palacios ya urbanos ya campestres, a los que también en Francia, por ejemplo, se asigna igual denominación, habiendo sido concebidos para cometido bien distinto. Vestigios de fortalezas escenario de asombrosas gestas guerreras, con sólo a veces ya un montón de piedras dorándose al sol en la cima de un cerro, aparecen reseñados en esta obra con el mismo amor que el puesto en la descripción de otros centinelas pétreos que, desafiando a los siglos, se mantienen con altiva majested. Sabrá así el lector, deleitándose con estos volúmenes de la colección *«Sentir España»*, y gracias al modo y manera en que los mismos han sido concebidos y realizados que, rememorando a Amiel como antes dijimos, los *Pueblos* españoles son estados del alma, y los *Castillos* españoles son estados del alma, y los *Paradores* españoles son estados del alma, porque Naturaleza, Historia y Arte se han aunado para que quienes son sus afortunados moradores, o sus asombrados visitantes queden atrapados en su embrujo que trasciende a quien sólo tenga visión de ellos merced a estas páginas, por la calidad de sus textos y por la lograda plasticidad de sus ilustraciones.

Irán completando esta colección otros temas: monasterios, catedrales, sierras y montes, valles y ríos, ciudades, acantilados y playas de ese dilatadísimo litoral con el que el mar, como un enamorado impenitente y feliz, abrazándola, despierta cada día a su amada, a España con el susurro mediterráneo al amanecer, y la adormece con caricias prometedoras de retorno cada anochecer, mientras el sol le dice *hasta mañana* convirtiéndose en estela anaranjada, roja y de oro, avanzando por el Atlántico.

Todo ello será posible por el esfuerzo editorial de quienes en tal concepto asumen la responsabilidad de poner en pie esta magnífica obra, sin duda alguna la mejor en su género, en la que, como antes dijimos, los más mínimos detalles están siendo cuidados con primores de alfarero, de manos tejedoras de sutil encaje, con amor en definitiva, porque la colección *«Sentir España»* es esto: una obra de amor a nuestro sin igual país... para que quienes nos lean también lo amen.

LA EDITORIAL

INTRODUCCION

Las páginas que vienen a continuación van a introducirnos en un mundo lejano y apasionante: el de los castillos españoles. Magníficas fortalezas surgidas durante la alta y la baja Edad Media que sirvieron para ir asentando los logros de la Reconquista y defender los territorios tomados al Islam. Casi siempre tenían como precedente la existencia de algún castro romano, de cuya palabra latina «castrum» y «castelum» parece derivarse la expresión castillo. Como se ha escrito en alguna parte, se trata de un término que define un lugar fortificado, preparado para organizar la defensa de posibles enemigos, siendo muy importantes su ubicación y los materiales de su construcción: sillarejo, piedra tallada en la mayor parte de ellos y barro tapial en los edificados por los árabes, de los que todavía se conservan algunos estupendos ejemplares, como verá el lector.

Desde los más lejanos tiempos existieron este tipo de baluartes defensivos, y también señoriales, como se demuestra en las historias y leyendas de los libros de caballería de la Europa nórdica. Se trataba de grandes fortificaciones levantadas sobre altas rocosidades o simplemente en la cima de algún montículo de la llanura. Allí se organizaba una determinada socidad que giraba en torno al señor del castillo, quien solía disponer de vasallos y toda clase de servidumbre, dando lugar a una pequeña corte, cuyo centro se albergaba en la misma torre del Homenaje, residencia del dueño de la fortaleza, donde se le rendían honores a la vez que él solía prestar juramento de fidelidad a los monarcas, que constituian la instancia superior del reino. Puede decirse que durante más de quinientos años los castillos vertebraron la vida española, con la presencia importantísima de las órdenes religiosas y militares.

Con respecto a los castillos que aún se conservan en España, puede decirse que los ejemplares más antiguos corresponden al siglo XI, salvo alguna torre campesina o militar aislada en medio de ruinas. Siguiendo atentamente la historia, vemos que algún tiempo después aparece una clase de castillo mixto, donde los usos civiles y militares se aunaban en el entorno de una bella residencia nobiliaria. Bellas edificaciones donde quedó grabado un tiempo de incertidumbres y grandeza; la incertidumbre que toda época de continuas luchas lleva consigo y la grandeza que a todos los caballeros medievales de la Península Ibérica trasmitió la idea de la unidad cristiana de España, desde el conde Fernán González, alma del surgimiento de Castilla, hasta la última apoteosis de la toma de Granada, con un intermedio —siglos XIII, XIV y XV— realmente admirable.

Con el paso del tiempo, al ser otras las circunstancias, los castillos fueron asimilando la realidad histórica. La Reconquista pacificó las regiones españolas, hasta el punto de convertir estas fortalezas en meras residencias señoriales, ajenas a todo espíritu bélico. Por otra parte, los Reyes Católicos, muy celosos de cualquier resurgimiento de los fueros de la nobleza y de su preponderancia en la vida de la nación, ordenaron la destrucción de los castillos o cuando menos la demolición de sus plantas superiores, cosa que apenas se cumplió, aunque en la visita que hemos realizado a los castillos, en muchos de ellos se advierten los efectos de dicha disposición. Por otra parte, con las nuevas perspectivas que el Descubrimiento de América ofreció a quienes gustaban de las fuertes aventuras, quedó en blanco la nómina de quienes aspiraban a alcanzar fortuna mediante la guerra o empresa parecida.

Empero en ellos —en los castillos— está reflejada la historia de un tiempo —de unos tiempos— en que los reyes, la nobleza y el pueblo español cristiano se propusieron la gran epopeya de la Reconquista de unas regiones celtibéricas que los moros invadieron con la mayor facilidad. Por lo que en sus láminas, en sus recios muros, en sus torres y puertas fortificadas, en sus adarves, matacanes, almenas, cubos, murallas, etc., nos encontramos con el más profundo sentimiento de nuestro pasado histórico. Pasar la vista por los textos, por las fotografías que vienen a continuación equivale a entrar de lleno en la emoción, en el sentir a España, en el reencuentro con las raíces de nuestra personalidad histórica. Todo fue posible dentro de sus muros, desde el heroísmo a las más hermosas historias de amor.

JOSE LOPEZ MARTINEZ

ÍNDICE

CASTILLOS DE ESPAÑA

CASTILLO DE MONTERREY

VERIN (ORENSE)

CASTILLO DE MONTERREY VERIN (Orense)

Su condición de tierra fronteriza presta a este lugar un encanto especial. Tierra fronteriza, atrincherada en su larga y magnífica historia, el castillo de Monterrey, ubicado en las proximidades de Verín, cruce de caminos entre Sanabria y Orense, ofrece al viajero el atractivo de su historia, marcada por innumerables lances de celos e intrigas, de ansias de poder y heroica defensa del honor. Por aquí anduvieron personajes como don Pedro I de Castilla, también llamado «el Cruel», y don Felipe el Hermoso, éste, se dice, con un acompañamiento de alrededor de 10.000 hombres, dispuesto a entrevistarse con el Cardenal Cisneros, a la sazón Regente de Castilla desde el fallecimiento de Isabel la Católica.

La primitiva construcción del castillo data del siglo XII. En el comienzo de tantos episodios memorables como vendrían después está presente la belicosa figura del infante portugués Don Alfonso Enriquez, nieto de Alfonso VI, quien consiguió la independencia de Portugal, tras expulsar a su propia madre y al conde Fernando Pérez de Trova, su amante, natural de Galicia, tras derrotarles en sangrienta lucha. Enriquez, vencedor de los musulmanes en la batalla de Ourique, terminó invadiendo el sur de Galicia, consiguiendo ser reconocido como rey de Castilla y León durante el reinado de Alfonso VII. En definitiva, la historia de esta espléndida fortaleza fue creciendo y tomando la forma arquitectónica impuesta por sus sucesivas generaciones de moradores, todos ellos verdaderos protagonistas de las crónicas gallegas durante más de ocho siglos.

Monterrey, es lugar bien conocido por los turistas de España y del extranjero, los cuales buscan, al cobijo de sus muros, el sosiego de su silencio, la paz que le presta su enclave, la evocación de tantos episodios importantes. En el interior, la gran muralla y las dos torres: la llamada del Homenaje y la de las Damas, el templo románico de Santa María de Gracia —románico de transición— y otras estancias igualmente acogedoras. Anterior al patio de armas se encuentra la puerta de San Ignacio con un crucero del siglo XVII. El colegio de los jesuitas forma parte de las edificaciones del castillo. El escudo de los condes de Monterrey figura en otra de las puertas, formado por la banda de los Zúñiga, ocho calderos de los Viedma, lobos y acebos de los Acebedo y los escaques de los Ulloa. Desde esta puerta puede contemplarse la portada principal del Hospital de Peregrinos, levantado en 1429.

Los restos del castillo, siguiendo el relato de Jorge Jiménez Esteban, están formados por dos grandes torres. Una es la ya mencionada del Homenaje, mandada construir por don Sancho Sánchez de Ulloa, primer conde de Monterrey, en 1482. Es de planta cuadrada, un poco troncocónica y está edificada en buena sillería, con los vanos precisos para el aprovisionamiento de luz y con garitones en las esquinas y a mitad de lienzo, muy pequeños, que forman parte de la cornisa que decora la terraza. Como siempre sucedió, la entrada tiene lugar por la primera planta, ahora a través de una escalera metálica, lo que antes se hacía por un puente levadizo. La altura es de 22 metros y medio. Al pie de la torre hay un pozo-aljibe de 14 metros de profundidad, que antiguamente recogía las aguas pluviales.

La otra parte del castillo, la llamada de las Damas, cuentan los cronistas que fue construida por don Juan de Zúñiga, también con su cornisa de matacanes. Es más pequeña y primitiva. En lo que se refiere a los lienzos de murallas, todavía se conservan tres cubos circulares, además de otros de planta rectangular, con los que se cierra el conjunto. En lo que hace al palacio —puesto que se trata de una antigua plaza fuerte— éste se compone de una serie de salas magníficamente conservadas, con galería doble de estilo renacentista hacia el fondo. Los arcos son escarzanos en el piso de abajo y adobelados en el de arriba. Cerca de Monterrey, en un otero, pueden todavía apreciarse los restos de La Atalaya, fortaleza construida hacia 1664, con vistas a completar la estrategia defensiva del castillo y también para proteger una fuente allí existente.

SAN VICENTE DE LA BARQUERA

(CANTABRIA)

SAN VICENTE DE LA BARQUERA (Cantabria)

Las edificaciones de cualquier país o región siempre se construyen en función a las necesidades y urgencias de sus habitantes, lo cual nos da una idea bastante aproximada de los particularismos de su historia. De ahí la diferencia que existe entre los castillos y fortalezas del Norte con los del resto de España, donde el fragor de los ocho siglos de guerra contra los musulmanes dejó profundas huellas, tanto en la arquitectura como en los demás signos de la convivencia. La lucha contra el Islam quedó pronto situada en territorios lejanos, en las tierras del interior o en las costas mediterráneas. Los castillos cántabros parecen diseñados también para la habitabilidad, incluso para la vida artística o religiosa, sin dejar de lado la defensa de sus moradores, importante siempre en aquellos tiempos de agresiones feudales e inestabilidad política.

El castillo de San Vicente de la Barquera ofrece al visitante una impresión norteña y marinera, como corresponde a esta villa, próxima ya al reino de Asturias. Su imponente mole pétrea se alza sobre un montículo de roca situado al borde de la ría, una de las dos rías —o ríos— que diseñan esa especie de península sobre la que se levanta la población, con sus murallas y la bella estampa de la iglesia de Santa María de los Angeles. Sobre el barrio de pescadores se encuentra el castillo, encima de un promontorio que se hallaba antiguamente amurallado, como medida defensiva. Sobre San Vicente de la Barquera se ha hecho mucha literatura y cuenta con un folklore muy peculiar: cánticos de marineros, nostalgia de amores sentidos en el oficio peligroso de la pesca, bailes como olas del mar.

La forma en que fue construido el castillo es rectangular, con dos torres a cada lado, de planta cuadrada y almenada una, más baja incluso que la parte central del castillo; la otra es pentagonal con muros de mampostería. Por las características que presenta debió construirse en el siglo XVI. El resto de la edificación corresponde a reformas y añadidos realizados a lo largo de varias épocas. Cabe destacarse la gran sala rectangular habitable que forma la base residencial de la fortaleza, desde cuyas ventanas góticas puede contemplarse la ría. Es el único motivo que altera sus muros. Digamos que toda la obra es de sillarejo, realizada con excelentes materiales y por magníficos artesanos. Lo demuestra tanto su contundencia como la belleza con que se labraron sus esquinas.

En el siglo XI, le fue otorgado a San Vicente de la Barquera el fuero de San Sebastián, siendo entonces cuando comenzó a ganar importancia en la historia, propiciada, en buena parte, por la desembocadura del río Escudo y disponer de un resguardado puerto para los barcos. En el siglo XIII, los habitantes de la villa participaron en las luchas contra los moros de Sevilla, y dos siglos después los Reyes Católicos ordenaron la construcción del puente que cruza la ría y que todavía conserva veintiocho ojos de los treinta y dos que tuvo. En el casco antiguo es visita obligada la calle Alta, donde la única puerta superviviente de las cinco que cercaban la población, sirve de marco a un magnífico edificio renacentista, en otro tiempo casa-hospicio perteneciente a la familia Gómez de Carro, hoy convertido en casa consistorial.

A finales del siglo XV, posiblemente en 1496, cuatro años después del descubrimiento de América, los Reyes ordenaron la reconstrucción de la fortaleza, así como también la muralla, dedicándola a atarazana e incluso a prisión. La muralla, de forma alargada, rodea y sirve de cobijo a la villa. Sus puertas, con un grosor de más de un metro, cumplieron misión de defensa y cerca fiscal. San

Vicente de la Barquera tuvo puertas como la de Santander, que aún existe; la de Asturias y la del mar, y dos torres fuertes, la del Preboste y la de la Parroquia, exponente de las obras militares de un enclave urbano cuya situación geográfica siempre la tuvieron alertada contra cualquier tipo de agresión por mar o por tierra.

EN CASTRO URDIALES, JUNTO AL MAR

(CANTABRIA)

EN CASTRO URDIALES, JUNTO AL MAR (Cantabria)

Durante muchos años, este castillo sirvió de guía a los navegantes del Cantábrico en sus medias noches y madrugadas de navegación. Era un castillo-faro que evitó muchas angustias marineras, lo cual hizo que se conservase como pocos de la provincia santanderina. Por otra parte, es uno de los escasos castillos medievales que se conservan en la costa cantábrica, tal vez debido a sus peculiares características defensivas. Sucede que a partir del siglo XVI, este tipo de castillos o fortalezas de la Edad Media fueron transformados en baluartes adecuados a los nuevos modos de hacer la guerra. Los sistemas de ataque y defensa precisaban de un amurallamiento especial, así como de unos dispositivos más evolucionados. Pero el castillo de Castro Urdiales apenas si necesitó alguna leve remodelación, conservando todo lo esencial de su primitiva edificación.

Castro Urdiales es uno de los pueblos más interesantes de Cantabria, quedando todavía en sus vías públicas y rincones pintorescos muestras de su pasado histórico. La visita a su iglesia gótica del siglo XIII, unida al carácter medieval de sus calles antiguas, al miliario romano del año 61 de nuestra era y a las ruinas románicas de la iglesia de San Pedro, merecen por sí solo el viaje. Todo eso unido al ambiente marinero y pescador de la villa, lo cual le presta un ambiente verdaderamente genuino. Los pueblos situados junto al mar presentan unas características muy particulares, marcadas por la tragedia y el encanto de las tempestades y las bonanzas, por las veleidades de la meteorología, en definitiva. Nada es más bello que un día soleado y de mar tranquilo en Castro Urdiales.

El cuadrado inicial que dio forma geométrica al castillo se convirtió posteriormente en una especie de pentágono, aunque todavía se perciben aquellas características. Todo su aspecto denota el origen bélico de su razón de ser. Se trata de una fortaleza absolutamente cerrada, sin ningún tipo de ventanas al exterior, salvo algunas saeteras. Su defensa únicamente era posible desde la altura de sus torres, desde los adarves o paseos de circunvalación de sus muros. Los materiales empleados para la construcción del castillo son de mampostería, creciendo el musgo y algunas plantas sobre sus muros, lo que le da un aspecto ciertamente acogedor. También le presta una nota singular la torreta del faro, esbelta y desafiante de vientos y días lluviosos. Es en estas dependencias sobre las que se abrieron algunas ventanas al habitarlas como residencia del farero.

Otra de las características del castillo es que desde su interior se podía salir directamente al mar e iniciar la navegación. Esto era, por lo general, un medio de huída en caso de extrema necesidad, sin depender de las defensas de la villa. Eran tiempos difíciles e inciertos, donde todo podía suceder y el señorío feudal tomaba sus medidas. De tal manera, que este tipo de ubicación y la importancia marítima de algunas villas del litoral llegaron a formar una llamada Hermandad de la Marina de Castilla, la cual estaba formada por Santander, Laredo, Castro Ur-

diales y San Vicente de la Barquera. Lo que indica que también los fines comerciales tuvieron acomodo en este tipo de enclaves marinos, pues dicha Hermandad solía enviar sus barcos a países como Francia, Gran Bretaña y lo que hoy son Bélgica y Holanda, es decir, los Países Bajos.

Un promontorio rocoso sirve de asentamiento al castillo, donde las olas del Cantábrico llegan contundentes, formando parte de una pequeña ciudadela integrada por la iglesia parroquial de Nuestra Señora de la Asunción y el puente. Se trata de la parte más alta de Castro Urdiales, de la que partían las murallas que rodeaban por completo a la villa, cuya época de mayor prosperidad se dio en el siglo XIII, hasta que en el XIV la cosa empezó a decaer al establecerse los Consulados del Mar en Burgos y Bilbao. Esto hizo que prácticamente desapareciera aquí el negocio de exportación de lanas y trigo de Castilla, quedando reducida la vida de los ciudadanos a las tareas de pesca.

Finalmente, en 1814, con motivo de la invasión francesa, no pocos habitantes de Castro Urdiales se refugiaron en el castillo, desde el que lograron escapar del peligro de las tropas napoleónicas, huyendo en pequeñas embarcaciones, pues los muros de la fortaleza resultaron inexpugnables.

LA SORPRESA DE BUTRON

GATICA (VIZCAYA)

LA SORPRESA DE BUTRON GATICA (Vizcaya)

A veinte kilómetros de Bilbao, en el término municipal de Gatica, caminando hacia el norte, nos encontramos con el castillo de Butrón, en el corazón mismo de Vizcaya. No cabe duda que la aparición de este grandioso edificio, de corte centroeuropeo, sorprende a quienes tengan metida en la cabeza la idea más generalizada y tradicional del castillismo español, representativo de las épocas medieval y renacentista. Pero es preciso llegar a indagar en todo lo que aquí sucedió, tanto por lo que hace a su historia como a su leyenda. Precisamente como de leyenda es cuanto Butrón nos sugiere; de leyenda con mucha dramaturgia al fondo: el mundo feudal, con sus rivalidades y riguroso sentido del honor. También nos llega la idea de extrañas películas sobre infortunadas doncellas y lances caballerescos, aunque todo ello un tanto exótico.

Porque nos hallamos ante un castillo levantado sobre otro mucho más antiguo. Por fotografías del siglo pasado se sabe que el castillo medieval que aquí había se hallaba en pura ruina, pero que aún conservaba sus elementos más esenciales. Por ejemplo, sus grandes torres circulares, la del Homenaje, las barreras y la zona residencial, todo ello en disposición de habitabilidad, así como un aditamento con balcones de madera, tejadillos, chimeneas y otras reliquias de su pasada grandeza. Pero el abandono, la ruina, la desolación eran las principales características que se agolpaban sobre el antiguo enclave. Hasta que el arquitecto marqués de Cubas, a finales del siglo pasado, emprendió la remodelación, tan profunda y totalizadora que cambió por completo la fisonomía del castillo.

El marqués de Cubas posiblemente no se percató de lo que manda la nervatura de la historia, el significado e incluso el simbolismo de una tradición, por lo que se inventó almenajes, cubos y ventanas que desarticulaban la armonía de un edificio que debía tener su propio predicamento. Y aplicó, pongamos por caso, ventanas dobles de arco de herradura en una primera planta donde jamás hubo muestras de mudejarismo, todo ello extensivo a todo el conjunto de la remodelación, la cual no fue otra cosa que la implantación de un nuevo modelo arquitectónico, cuyo posible encanto nos aleja de las coordenadas históricas de lo que allí hubo y sucedió anteriormente. No obstante, la construcción es majestuosa y llamativa.

Efectivamente, con el paso de los últimos cien años, el castillo de Butrón ha conseguido imponer su nuevo estilo, haciendo de la confusión una manera de atraer a los amantes de esta clase de fortalezas. Lo que aquí vemos queda más cerca del tipo de mansión regia, semejante, en muchos detalles, al Alcázar de Segovia y al famoso castillo de Belmonte, este último también remodelado el siglo pasado para albergar la etapa final de la vida de la emperatriz de los franceses, Eugenia de Montijo, cosa que luego no sucedió. Este castillo de Butrón se compone de un recinto escalonado que se continúa en tramos in-

teriores y está formado a base de cubos circulares en las esquinas, así como también en la capilla. En el primer recinto, cuatro enormes cubos almenados enmarcan los ámbitos del castillo.

Los historiadores nos recuerdan un dato interesante para entender mejor la historia de los castillos españoles. Refieren cómo a mediados del siglo XV, Enrique IV de Castilla ordenó derribar las casas fuertes y torres hasta el primer piso, es decir, les privó de sus defensas naturales, las troneras, matacanes, almenas, cadabalsos y garitones. La orden, parece ser que no fue atendida al pie de la letra, pues fueron muchos los castillos y fortalezas que siguieron como estaban, lo cual obligó a los Reyes Católicos a insistir en dicha obligación. Desde entonces, la función de los castillos y torres quedó reducida a su habitabilidad por parte de sus dueños, alejándoles ya de su función primigenia, que fue la defensiva. Tal vez ésta era la situación en que se hallaba el castillo de Butrón antes de su transformación.

CASTILLO-TORRE DE MENDOZA

(ÁLAVA)

CASTILLO-TORRE DE MENDOZA (Alava)

El castillo de Mendoza nos acerca a una de las familias de mayor abolengo de la España medieval y renacentista, la de los Mendoza, señores de Llodio en el siglo XII y posteriormente grandes prohombres del reino. El castillo fue construido en un cruce importante de caminos, desde el que resultaba fácil controlar el tránsito de personas y mercancías hacia toda Castilla y las comarcas del Ebro. Su emplazamiento dista escasos kilómetros de la capital de Alava, Vitoria. Consta de una torre cuadrada que estuvo rodeada de un pequeño campo fortificado con otras torres como las llamadas de Mendívil, Martioda, Estanona y Hueto Abajo. Actualmente ya sólo queda en pie la segunda de ellas. Hay una gran austeridad en todo el entorno, sin nada de espectacularidad arquitectónica, como corresponde al estilo del pueblo vasco.

Sabido es que en la Alta Edad Media los Mendoza eran señores de la ciudad de Llodio y mayordomos reales en tiempo de doña Urraca de Castilla. Precisamente de su lealtad hacia la realeza española vendrá a esta familia su época de mayor influencia, aunque anteriormente tuvieron que dirimir su rivalidad con los Guevara, otros señores de alcurnia que se declaraban partidarios de la dinastía navarra. Los Mendoza ayudaron a los reyes castellanos en las conquistas de Andalucía, sobre todo en las Navas de Tolosa, alcanzando altas recompensas, como el nombramiento de cofrades de Alava y Almirantes de la Mar. Los señoríos de Buitrago e Hita fue el comienzo de su enorme preponderancia en tierras del centro de España: duques del Infantado, marqueses de Santillana, virreyes en América, etc. Se les llamaba los «segundos reyes», tal era su poder.

Como queda dicho, el castillo de Mendoza está formado por una sólida torre y rodeado de un recinto que le aísla de cualquier contingencia, sirviéndole entonces de primera defensa. Dicha torre fue levantada al comienzo del siglo XIII y tiene una superficie aproximada de trece por once metros, con muros de un espesor de metro y medio. Lo primero que percibe el visitante es la barbacana, de recia compostura, con sus cuatro cubos angulares, todos ellos de una altura de más de siete metros y bien protegidos por sus correspondientes saeteras. En la planta baja de la torre estuvieron instaladas las caballerizas. La planta principal, por la que se accede a través de unas gradas de piedra, está como a dos metros de altura. Las otras plantas —segunda, tercera y cuarta— son semejantes a la principal, con saeteras defensivas, igualmente restauradas.

El siglo XIII resurge continuamente por cualquiera de las estancias del castillo. El sillarejo colocado a manera de lajas en bandas horizontales imprime a la torre un estilo especial, un tono agradable y sencillo. En la última planta se perciben cuatro saeteras, con un matacán centrado en cada una de ellas. La cubierta o tejado está construido a cuatro aguas, cosa propia del norte, donde abundan los días lluviosos y el viento suele rugir con furia en las épocas de temporal. Otro detalle característico del castillo lo encontramos en esa especie de pie derecho de madera, en el que se apoyan los diversos entablamientos para formar el suelo, detalle que es común a todos los pisos menos al primero, cuya dedicación inicial ya hemos dicho que fue para menesteres más rudimentarios, o sea para instalar las caballerizas.

La torre de Mendoza, como también se la llama, con sus doce largos siglos de historia, es un recinto lleno de evocaciones. A ella se incorporaron con el paso del tiempo los apellidos Silva y Sandoval. En el siglo XIX los Téllez de Girón pasaron a dar lustre a la heráldica del lugar, hasta 1856 en que perdieron la propiedad de la torre. Ultimamente el castillo-torre ha sido admirablemente restaurado, estando en la actualidad dedicado a exposición permanente de la heráldica alavesa, con lo cual cumple una función valiosa de museo del tiempo pasado, del vestigio de la nobleza y la historia de esta provincia vasca tan vinculada durante siglos a los avatares de la vida española.

MARCILLA
(NAVARRA)

MARCILLA (Navarra)

El lugar no puede ser más evocador. En este castillo estuvo presa doña Blanca de Navarra, y el señor de Marcilla, Mosen Pierres de Peralta, se encerró durante años en sus calabozos debido al remordimiento que sentía por haber asesinado al obispo de Pamplona. Marcilla es villa del partido judicial de Tafalla, de la cual tomó nombre el castillo. No lejos, como a unos diez kilómetros, pasa el Ebro, y más cerca aún sus afluentes Aragón y Arga, al comienzo de las Bárdenas Reales. Se trata de una zona muy islamizada durante los siglos VIII al XII, hasta la toma de Tudela, que marca el declive definitivo de los árabes por estas comarcas. También se vio Marcilla seriamente implicada en los avatares de Navarra con aragoneses, castellanos y franceses, hasta su definitiva integración en la Corona española en 1512.

El castillo, según todas las referencias, fue construido durante el reinado de Carlos III el Noble. Es de planta rectangular, con torres cuadradas en los ángulos y dos rectangulares a mitad de lienzo. Una de las torres de las esquinas es de mayor tamaño y puede considerarse la del Homenaje por sus proporciones y por su ubicación, pues está situada como a propósito para defender la puerta de entrada, aunque tal vez no fuese así. Carece esta torre de almenado, lo que le da un tono más civil que militar, como lo demuestran también sus tres balcones. Toda la parte baja de torres y muros del castillo están construidas a base de excelentes sillares de piedra, con la excepción del muro recto que es de ladrillo. La puerta de entrada, a continuación del puente levadizo, tiene un magnífico arco gótico, sobre el que se hallan las grandes ranuras para la cadena del tablazón del puente.

Los primeros cien años de esta fortaleza-palacio coinciden con la disposición de los Reyes Católicos de dar a los castillos españoles otra utilidad que la tradicionalmente bélica, entrando en la órbita de las residenciaspalacios, ajenos a los hechos de armas. Parece ser que únicamente las guerras de Sucesión y de la Independencia, en los siglos XVIII y XIX, han sido los únicos conflictos serios que ha sufrido el castillo. Algunas mutilaciones afectaron al recinto hacia 1820, como fueron uno de sus cubos y algunos garitones. No hace mucho se desescombró el foso, al que se devolvió su antigua profundidad, a la vez que se consolidaba la escarpa y contraescarpa, dotándole de un estribo para el puente levadizo, cuya reposición ha sido de madera.

El castillo se extiende alrededor de un patio del que se han suprimido añadidos que no guardaban la debida relación con el estilo global del edificio. Destaquemos también que por todo el antiguo adarve, a trozos con tejado, discurre una serie de matacanes que le prestan una gracia peculiar, recordando en cierto modo la elegancia de los castillos italianos del renacimiento; castillos de nobles personajes que se retiraban del bullicio de las grandes urbes para dedicar su tiempo al estudio de las ciencias y las artes, en especial la música y la poesía. Labores mudéjares hacen aún más vistosas y alegres las fachadas y nos dan a entender que en Marcilla, quienes habitaron el castillo pensaron más en comodidades que en empresas de otro tipo.

La fortaleza-palacio-castillo, puesto que éste sería su nombre más exacto, es un punto de referencia fundamental en la geografía urbana de Marcilla, pueblo que no se resigna a apearse del carro de la historia de Navarra. Por esta zona próxima a la episcopal ciudad de Calahorra, a Alfaro, a Caparroso y a Falces, tuvieron lugar importantes batallas entre cristianos y musulmanes durante los primeros años de la invasión sarracena y de la reconquista, llegando a formar parte del reino taifa de Zaragoza, en pleno dominio sarraceno, hasta 1110 en que se libró la célebre batalla de Valtierra en la que fue derrotado el rey moro Al-Mustaín, dando fin a la presencia islámica por estas tierras.

JAVIER (NAVARRA)

JAVIER (Navarra)

Sancho el Mayor, el poderoso rey de Navarra, logró reunir bajo sus dominios gran parte de los reinos peninsulares, que al morir distribuyó entre sus hijos Ramiro, García, Fernando y Gonzalo. Cuentan las crónicas, que al frente de escogida tropa de infanzones y adiestradas milicias, arrasó las fortificaciones y caserío de Javier, para poco después de este hecho bélico levantar la fábrica del antiguo castillo, que era de escasa altura y fácil acceso. Algunos años después, ya a principios del siglo XIII, el infante don Fernando de Aragón, amigo de Sancho el Fuerte, sin sospechar la contrariedad y proyectos de su hermano Pedro II de Aragón, devolvió Javier a don Sancho mediante la entrega de novecientos sueldos de moneda corriente, pasando finalmente a manos de Aznar de Sada, ilustre caballero.

Sabemos que durante el dominio y señorío de la casa de Sada, este castillo se hizo

célebre por el derecho de asilo que gozaba, un derecho que ejercitaban generosamente sus dueños, por prolongada que fuera la permanencia de los acogidos. De hecho este castillo es uno de los que figuraron siempre en la ruta jacobea, al que llegaban multitud de peregrinos de Francia y otros países de Europa. El castillo se levanta sobre una roca, junto a la villa de Javier, al sur de la sierra de Leire y del monasterio del mismo nombre, del que dista seis kilómetros. Igualmente este lugar es motivo de peregrinaciones por haber nacido aquí San Francisco Javier, gran predicador del cristianismo en la India y Oriente. Formaba parte de un sistema defensivo integrado por los castillos de Torreta, la Torraza y el Castellón.

De antiguas descripciones hechas al respecto hemos extractado estas notas. Se cuenta que tras una explanada se abría el portón pesado de grandes doveles, bajo saliente matacán. Los lienzos del recinto eran macizos, lisos y no muy altos, con aspilleras y torrecillas. Por lo que se refiere a la torre del Homenaje era enorme, poligonal, coronada de matacanes y cimentada a la derecha de la entrada, apareciendo a la izquierda la mole espacial, de planta poligonal y cinco pisos coronados de almenas. Traspuesto el pórtico de entrada, se encuentra uno en el patio de armas, sobre roca viva, y en ella, tierra socavada y de oscuras estancias. Tras un zaguán estaba la escalinata que conducía a los aposentos superiores, donde estuvo la capilla.

De la habitación donde nació don Francisco Javier nada se conserva. Sólo la memoria del gran suceso. En la principal hubo una pesada puerta angosta y blindada de hierro, la cual daba acceso a grandes salones y a una escalera por la que se ascendía a la terraza. Y debajo, en un pequeño oratorio, se veneraba el crucifijo del Santo, que era tenido por milagroso. Tras la anexión de Navarra a España por los Reyes Católicos, el Cardenal Cisneros ordenó arrasar el castillo de Javier, junto con otros que no se mostraron sumisos a la corona, y aunque fue salvada la casa, el duque de Nájera mandó demoler las fortificaciones y muros exteriores, torres, troneras y saeteras y rellenar los fosos. Terminada la guerra, Carlos I, según un relato del padre Coloma, indemnizó por aquella especie de tropelía.

Luego vendría la reconstrucción, la puesta en pie del ilustre edificio. Fue alargado su primitivo armazón de torres extremas, enlazadas con las cortinas poligonales, dominando la gran torre de San Miguel el conjunto, donde se ha repuesto todo lo que allí hubo. La iniciativa se debió a los duques de Villahermosa quienes prosiguieron su remozamiento, especialmente doña Carmen de Aragón, descendiente de la familia de San Francisco. Ella, entre otras cosas, agregó una hermosa basílica, que ahora regentan los jesuitas, quienes continúan realizando obras para mejorar el histórico edificio. Es digna de destacarse la marcha que anualmente realizan los jóvenes navarros a este lugar para rendir homenaje a San Francisco Javier.

SAJAZARRA (LA RIOJA)

SAJAZARRA (La Rioja)

La villa de Sajazarra se encuentra situada al norte de La Rioja, próxima a las regiones de Burgos, por la parte septentrional, y a la de Alava, por el este. Zona de constantes conflictos bélicos, pertenece a un enclave de 15 kilómetros donde abundan los castillos, torres y edificios fortificados como los de Foncea, Cellórigo, Villaseca, Villalba de Rioja, Fonzaleche y otros. Don Alfonso Libanos Pérez, actual propietario de este castillo de Sajazarra, ha hecho todo lo posible por restaurarlo y devolverle su pasada belleza arquitectónica. Los muros, las salas, los antiguos aditamentos, todo lo que tuvo importancia histórica ha vuelto a surgir como en sus mejores tiempos. Quienes hoy visitan Sajazarra quedan impresionados por su gran labor llevada a cabo por este insigne protector de los castillos de España.

Como casi siempre sucede, la torre del Homenaje acapara la atención de quienes hasta aquí llegan. Entorno a ella se levanta un recinto con cubos circulares en sus ángulos, así como un espolón ubicado en la parte del sol saliente. Un poco más allá, la llamada sala de Caballeros, resguardada por otros dos cubos igualmente circulares. La entrada ha de hacerse por una entrada de arco gótico entre dos cubos mucho más resaltados de la línea del lienzo que los anteriormente citados. Sus saeteras apuntando al estrecho pasillo que queda entre ellos nos

hablan de su carácter defensivo. Una vez en el patio de armas, en la parte derecha, vemos la torre del Homenaje, rectangular, con sus cuatro garitones octogonales en las esquinas. La torre consta de cuatro plantas, la última con bóveda de cañón apuntado.

La Edad Media, ya en sus dos siglos finales, marca el comienzo de la historia de Sajazarra. Se comenta sobre una torre de don Diego Sarmiento, la cual parece ser que estuvo en litigio entre la realeza y la familia Sarmiento. Era por entonces rey de Castilla el infortunado Enrique IV. La torre fue derribada hacia mediados del siglo XV, época en que posiblemente se inició la construcción del castillo, cuyas obras se dieron por terminadas en 1463. No demasiado tiempo para el ritmo que esta clase de edificaciones solía llevar. Bajo el mando de los Sarmientos actuaron los primeros alcaldes del castillo, privilegio que mantuvieron hasta el siglo XVI. También es sabido que con anterioridad, Sajazarra perteneció al linaje de los Velasco, enemigos de la poderosa familia de los Manrique.

El castillo de Sajazarra jugaría un papel importante en las luchas internas por el poder entre la nobleza de aquel tiempo, primera mitad del siglo XV, y el propio poder real. Tengamos en cuenta que la villa de Haro, que pertenecía a la Corona de Navarra pasó a la de Castilla, siendo asignada a don Pedro Fernández de Velasco, cuyas posesiones se extendían a otros castillos y fortalezas como las de Cerezo, Ojocastro y Arnedo. Precisamente otros parientes suyos, los Sarmientos y los Leiva se repartían el resto de los territorios y centros de poder riojanos. Quiere decirse que Sajazarra se hallaba en el centro de cuanto sucedía entre los personajes más poderosos, lo cual quedó reflejado tanto en su historia como en sus muros.

Otra de las facetas más interesantes de este castillo es la referente a su habitabilidad. Sajazarra mantuvo su función de ser palacio de grandes señores hasta el mismo siglo XVII. De tal manera que hasta muy poco antes siguió siendo reformado y engrandecido. A esta última época pertenece, por ejemplo, la bóveda de la gran cámara norte. Para Edward Cooper, ha recordado Jorge Jiménez Esteban, «las torres circulares que franquean el recinto de Sajazarra, son de la misma escuela que las de Puebla de Sanabria y Pontillo», agregando el autor español «que estas torres —además— tienen el techo plano en piedra, sostenidas por unas vigas de piedra lo que le proporciona mucha originalidad». Quiere decirse que el siglo XVI está muy presente en la configuración de este castillo.

CASTELLET (BARCELONA)

CASTELLET (Barcelona)

Nada menos que ciento ochenta y tres castillos hay registrados en la provincia de Barcelona, sin contar sus numerosas torres. Hoy vamos a acercarnos a Castellet i la Gornal, población situada en las inmediaciones del río Foix, donde se encuentra este castillo, cuyos datos más antiguos nos llevan a 1178, año en que Alfonso el Casto lo adquirió al obispo Arnau de Perexens, aunque esto indica que dicha fortaleza ya existía con anterioridad. El lugar donde se levanta el castillo es sumamente agradable, sobre todo por el ambiente ribereño que el río le presta. Como es propio de esta clase de edificaciones, su construcción se hizo en la parte más alta del cerro, destacando la majestuosidad de sus torres, dos de ellas cilíndricas. Mirando desde la orilla del Foix, en la parte derecha, vemos el campanario de una iglesia próxima al castillo.

Una serie de edificaciones, precedidas por un muro con una puerta de acceso, forman el núcleo y el entorno de Castellet, que no es precisamente un castillo pequeño como podía deducirse de su nombre, diminutivo de castillo. A continuación viene un espacio vacío, un pequeño campo yermo, que no es patio de armas, y seguidamente comienzan las murallas y cubos, un muro en taluz, cuya parte baja bien pudo ser construida entre los siglos XI y XII, época de romanidad en la escultura europea y de luchas de reconquista en la España peninsular. Desde un segundo recinto, que nos lleva a una rampa escalonada que finaliza en una puerta adovelada de medio punto, llegamos a la capilla, centro neurálgico de la espiritualidad de la nobleza medieval.

Un conjunto de torres cuadradas y cilíndricas forman el polígono irregular donde se levanta el castillo. Por los restos que aún se conservan, sabemos que una de sus torres, de planta cuadrada, daba al río, reflejándose en sus aguas mansas y transparentes. También

puede contemplarse, allá en lo alto, una torre con tres plantas, coronada por almenas, con una preciosa ventana doble en el piso intermedio. Mencionemos otra torre cuadrada, característica del siglo XVI, la cual contribuye a la presencia del conjunto arquitectónico. Y sobre todo la torre del Homenaje, esbelta, magnífica, ejemplo de torre circular del siglo XII. Vista desde la lejanía asemeja el mascarón de proa de un barco de piedra navegando a través de la historia, cargado de inumerables remoranzas, casi rasgando las nubes rosáceas del paisaje catalán.

Como se ha dicho por otros cronistas del castillismo español, si queremos resumir el origen de esta fortaleza, habría que explicar que sus orígenes se remontan al románico o incluso a un tiempo inmediatamente anterior, y que la base de la misma vendría configurada en el ya citado muro en taluz, colindante a la torre del Homenaje, las dos torres cilíndricas y buena parte de sus muros. Esta fue la base del castillo que funcionó durante sus tres o cuatro primeros siglos, hasta que en el XIV se realizaron una serie de reformas y añadidos, completándolo con las torres cuadradas, las puertas y la barbacana de la parte del este. Reformas magníficamente proyectadas y realizadas, así como igualmente se acertó en los elementos añadidos.

El castillo de Castellet pertenece actualmente a la familia Peray, cuyo celo y buen gusto han hecho posible que el recinto mantenga toda su belleza arquitectónica y su poder evocativo. La familia Peray no ha regateado sacrificios, investigando en viejos papeles, buscando en antiguos grabados, de tal forma que cualquier tipo de restauración, de acondicionamiento o recreación se ajuste a los modelos clásicos, al espíritu milenario y riguroso que informa la tradición de Castellet. El último retoque que se dio al castillo tuvo lugar en 1928, hace ya más de sesenta años. Quienes lo visitan elogian el buen gusto de sus propietarios, verdaderos protectores del patrimonio monumental de España.

DIPUTACION GENERAL DE ARAGON

CASTILLO DE SABADA (ZARAGOZA)

CASTILLO DE SADABA (Zaragoza)

Como toda la comarca de las Cinco Villas, Sádaba fue repoblada a finales del siglo XI. Epoca difícil para estas comarcas aragonesas colindantes con Navarra, dada la gran influencia aquí alcanzada por los musulmanes, pues Zaragoza fue una de las plazas fuertes. Pero conforme fue avanzando el proceso de la Reconquista, las tierras del norte de Castilla y Aragón comenzaron a repoblarse, creándose pequeños núcleos urbanos que luego crecieron y se consolidaron. Así, a partir de 1099, Sádaba entra en la historia aragonesa, como las poblaciones colindantes, y en 1125 se tienen datos sobre la edificación de un castillo, no el actual, que por sus características es de época posterior. Dueño de aquel primer castillo era, en 1158, don Pedro García, quien lo había heredado de sus padres.

La fortaleza que hoy podemos contemplar debió ser construida ya bien entrado el siglo XIII, por lo que es posible que no sufriera el acoso de ciertos señores feudales que campearon a sus anchas por los territorios de estas Cinco Villas durante la minoría de edad de Jaime I, saqueando cuanto hallaban a su paso y posesionándose de castillos y torres. A tal punto llegaron las tropelías cometidas, que el rey de Navarra, Sancho VII, se vio en la necesidad de tomar cartas en el asunto, dada la proximidad de Sádaba a su reino, poniendo la villa bajo su protección durante algún tiempo. Es casi seguro que a lo largo de esos años de anarquía el primitivo castillo sufriera grandes deterioros, quedando en puras ruinas.

El nuevo castillo se construyó en una ligera prominencia del terreno, junto a la población, destacando por su sencillez de formas, pensadas con eminentes fines defensivos y militares. Vista detenidamente desde el exterior, la fortaleza ofrece escasos huecos, si acaso algunas saeteras, lo que le proporciona un matiz de rudeza guerrera. También se evidencia la buena calidad de los materiales empleados en su construcción, sillares de gran consistencia. Otro de los aspectos que nos sorprenden al contemplar la fortaleza es lo atípico del edificio, diferente a los demás castillos de esta región. Un rectángulo con siete torres de planta rectangular se proyecta alrededor del patio de armas, aunque dichas torres no son en modo alguno homogéneas.

En los lados del norte y oeste hay dos grandes salas y en el ángulo sureste está la capilla. El castillo carece de barrera y de torre del Homenaje, comunicándose todas sus torres a través de un camino en forma de ronda o circunvalación, cosa poco corriente. Las salas, aunque en estado ruinoso, nos dan idea del esplendor interior de esta clase de edificios medievales, donde, a bien seguro, en las épocas de paz actuarían músicos y juglares en fiestas de cierto tono cortesano o deudal. La torre suroeste, de mayor volumen que las otras, cuenta con dos cámaras y forma parte de la puerta de entrada, la cual se abre entre dos cubos. Las torres, en su mayoría, tienen un ligero talud en su base, conservando su altura y almenado. En el patio de armas se conserva un aljibe con tres arcos apuntados, que reforzaban la bóveda.

Castillo roquero, construido sobre rocas, hoy precisa de una urgente restauración que evite el peligro de ruina total, obra que parece dispuesta a asumir —según se ha publicado— la Diputación General de Aragón. En cuanto a la historia de la fortaleza, cabe decir que ésta pasó por varios dueños en su primer siglo de existencia, participando en las guerras de Pedro IV y Carlos II de Navarra. Luego, durante los siglos XIV y XV, pasó por una larga etapa de silencio y olvido, sólo recordada por algunos cronistas. Se tiene la certeza de que en el siglo XVI, el castillo se mantenía en perfectas condiciones. Su gran deterioro interior se produjo en los dos siglos siguientes, llegando a su peor situación a partir del XIX. Todos los amantes de los castillos esperamos que pronto éste de Sádaba sea remodelado como merece.

ALQUEZAR (HUESCA)

Castillo «Alquezar» • 55

ALQUEZAR (Huesca)

El castillo-monasterio de Alquezar, situado a orillas del río Vera, afluente del Cinca, se alza sobre una enorme peña, a mitad de camino entre Huesca y los embalses de Grado y Barasona. Es posible que se trate de un primitivo castro romano, reconstruido posteriormente por los árabes, tal vez en el siglo IX. El escritor Al-Razi se refiere a la población como una de las principales de la Barbitania o comarca de Barbastro. Otros, como Al-Udri, creen que perteneció a Bana Qasi de Tudela, señor musulmán con categoría de verdadero rey. En cualquier caso, todos coinciden en confirmar la procedencia árabe del castillo, como lo indica su propio nombre, «al-qasr», alcázar. La vista del conjunto fortificado, con la colegiata a la izquierda y el recinto amurallado con sus torres, ofrece un panorama maravilloso.

Cuentan las historias que el castro romano fue conquistado a los musulmanes el año 1069 por un prior de la Orden de San Agustín, a la que fueron entregados el castillo y el pueblo. En no mucho tiempo, la fortaleza se convirtió en colegiata, pasando posteriormente a depender de los reyes de Aragón, que en varias ocasiones enajenaron el castillo para obtener fondos con que sanear la economía del reino, maltrecho a causa de las guerras medievales. Un conjunto integrado por torres, murallas y la colegiata forman esta especie de zona defensiva, que sobrecoge por su reciedumbre y su antigüedad. La colegiata ocupa parte del primer castillo y

extramuros del mismo se halla la torre albarrana, elemento defensivo árabe que se conserva en magnífico estado. Estas torres cumplían una utilísima función militar.

El soberbio edificio ofrece un imponente aspecto desde cualquier ángulo que se mire, con sus recios muros que continúan hacia arriba en la misma dirección que los peñascos verticales, en desafío a todo tipo de asalto. Sólo una rampa empinada llega desde el pueblo hasta la entrada del castillo, entre la torre albarrana y el recinto amurallado. Cierto que del primitivo castillo árabe quedan escasos vestigios, aunque todavía pueden contemplarse trechos de murallas, algunas torres y puertas almacenadas, la plaza de armas y algunos restos mozárabes. Conviene recordar cómo Abderramán III comenzó a designar directamente gobernadores para Alquezar, hombres que le fueran fieles y que no le creasen conflictos, pues el gran califa deseaba conservar a toda costa esta plaza, importantísima para sus fines políticos y guerreros. Ello hizo que aquí quedasen huellas profundas de su cultura.

Desde el punto de vista arquitectónico es posible que lo más interesante del conjunto continúe siendo la colegiata, iglesia construida en su versión actual a principios del siglo XVI, de estilo renacentista, aunque todavía se conserva un claustro románico perteneciente al templo primitivo, que era del siglo XI, y algunas otras cosas. Hacia 1067, Alquezar fue conquistada por Sancho Ramírez, quien mandó construir, años más tarde, la capilla real. No obstante, los tiempos eran inciertos debido a los vaivenes de las guerras de reconquista entre moros y cristianos, de manera que al final del siglo XI, tanto el pueblo como el castillo volvieron a sufrir nuevas embestidas de la tropa musulmana, sobre todo por parte del rey de Zaragoza Al-Muqtadir, verdadero azote de estas comarcas. Las crónicas de aquel tiempo están llenas de lances y luchas constantes.

El viaje de Alquezar es de gran interés para los amantes de la historia y de los monumentos arquitectónicos del tiempo pasado. Tanto el pueblo como la zona del castillo encierran un encanto especial, abarcando varias épocas, como la medieval y la renacentista. Del antiguo castillo apenas si quedan la torre que lo preside, obra de sillarejo, casi seguro que musulmana, restaurada en buena parte, y pocas cosas más. La iglesia románica en ruinas se construyó para seguir aumentando la importancia arquitectónica y religiosa del lugar. Especialmente atractivo resulta el aspecto que ofrece la colegiata, elevada sobre un promontorio rocoso, convirtiendo en campanario una de las torres del primitivo castillo, para lo que fue preciso eliminar las almenas correspondientes.

 Castillo «Alquezar»

LOARRE (HUESCA)

LOARRE (Huesca)

Sin lugar a dudas, éste de Loarre es el castillo más antiguo y singular de la provincia de Huesca, situado a 31 kilómetros de dicha capital. Se trata de una fortaleza del siglo XI, incardinada en la serie que el rey Sancho III el Mayor de Navarra reformó y construyó para defender sus territorios del poder musulmán de Zaragoza. El primer documento que se conoce data de 1033. Mas poco después se sabe que fue tomado por los musulmanes, hasta que casi cuarenta años después el soberano Sancho Ramírez lo reconquistó definitivamente, quien mandó construir, dentro del castillo, un monasterio dedicado a San Pedro. Este rey fue mortalmente herido en el asalto a la ciudad de Huesca, en una expedición que partió de este castillo.

Las características de Loarre, compendio de sabiduría románica y genialidad española, no radican únicamente en sus soluciones estilísticas, sino en el aprovechamiento inaudito que quienes lo construyeron supieron obtener de su enclave, pues se haya situado en plena serranía de Gratal, en un elevado risco hecho como para nido de águilas, que anteriormente debió ser castillo ibérico. Después sirvió de fortaleza a los romanos y posteriormente a los árabes. Precisamente Loarre quiere decir castillo roquero. Las restauraciones llevadas a cabo últimamente, en 1913 y en 1975, han sido de vital importancia para la conservación de este excepcional monumento, quizá el más antiguo de España entre los de su género. Es digno citarse los nombres de los arquitectos don Luis de la Figuera y de don Francisco Pons Sorolla.

El castillo que hoy podemos contemplar tiene unos orígenes cronológicos un tanto discutidos, aunque los datos que hemos dado al comienzo de esta nota parecen los más fiables. En su conjunto primigenio se recogió todo aquello que era cobsustancial con el espíritu aragonés de la alta Edad Media, es decir, lo militar y lo religioso, pues Loarre fue a la vez castillo y monasterio. La muralla asciende por una de las vertientes del inmenso roquedal. Las otras son inaceptables. En total cuenta con ocho cubos y el recinto presenta una sola abertura, la de la llamada torre-puerta de los reyes. En este abrupto espacio consta que estuvo la antigua población de Loarre, hasta que pacificada la zona, dicha población fue construyéndose en la parte llana de abajo.

El castillo tiene una segunda torre, situada más arriba, conocida como de Vigía. El conjunto comprendía originalmente diversos cuerpos aislados en torno a la capilla y la abadía, levantados igualmente sobre la roca viva. Igualmente posee grandes salones, salas civiles, celdas, lugares de acuartelamiento, las cuales se confunden unas con otras, lo que da a entender la promiscuidad en que entonces debían vivir monjes, nobles y soldados. Sí cabe destacar una sala llamada de la reina, con un ventanal de capiteles bizantinos, en la que han aparecido recientemente restos de pinturas y relieves de gran belleza. La torre del Homenaje tiene una altura de 22 metros y cinco plantas, con muros de hasta dos metros y conservando primitivas almenas.

El castillo es como si fuese la capital de un pequeño Estado, el centro representativo de un poder ya extinguido. Por una escalera monumental se llega a la capilla, que en realidad es una cripta sobre la que se levanta un segundo templo de una sola nave, apoyada en recios arcos laterales; columnas y bóvedas sobre pechinas muestran la sabiduría del arquitecto, y el tipo de ventanas, la influencia bizantina y su insólito refinamiento en aquella época. En el ábside puede contemplarse una galería de arcos exquisitamente labrados. Debe destacarse igualmente los pasos de ronda que circundan la torre del Homenaje, donde se encuentran estatuas del Salvador sedente y de la Virgen María, así como un cortejo de ángeles, verdaderamente representativos de la mejor escultura medieval hispana.

CASTILLO DE VILLAFRANCA DEL BIERZO (LEÓN)

CASTILLO DE VILLAFRANCA DEL BIERZO (León)

Villafranca del Bierzo es lugar de paso para las peregrinaciones jacobeas a Compostela, y el castillo es buen punto de referencia para detenerse a contemplar sus muros y torres centenarias. Más que fortaleza guerrera, ofrece el aspecto de pétreo palacio residencial, de mansión señorial y aristocrática. Aunque por todos sus rincones y galerías aflora la historia, el recuerdo de quienes lo habitaron. Ubicado a la entrada de la ciudad, forma un cuadrado perfecto, configurado por sus cuatro cubos circulares en los ángulos, que apenas sobresalen de la altura del castillo. Otro dato que ha hecho posible la buena conservación del edificio es su permanente habitabilidad. Reina un ambiente sosegado, propio de estas comarcas del corazón del Bierzo, cuyas atardecidas invitan a la meditación. Es esta tierra de grandes poetas y de teólogos eminentes.

Se ha dicho que estas murallas, tanto por el material con que están construidas como por su forma y estilo recuerdan a las de León, con lo cual estamos de acuerdo. Aunque quizá sean los cubos lo que más singularidad presta a todo el conjunto. Cubos de tres plantas, abiertos por medio de sencillos ventanales relativamente modernos. Una cornisa de arquillas de ladrillo corona estos cubos, asemejando matacanes sólo decorativos que sostienen un débil parapeto con simuladas almenas. Todo parece como querer renunciar a la guerra, a la vida militar, al ejercicio de las armas, quedando más cerca de lo decorativo que de lo verdaderamente bélico. La cubierta de las torres —otro dato muy peculiar— está realizada a base de chapiteles de pizarra con formas puntiagudas, difícilmente comparables con las de ningún otro edificio de esta naturaleza.

Según documentación hallada y de acuerdo con los restos que todavía quedan, se sabe que aquí hubo otro castillo conocido con el nombre de «Fuerza». Se conservan las siguientes palabras de 1515: «abeis comenzado a labrar una fortaleza en la villa de Villafranca en un sitio antiguo en que solía aver cierta manera de fuerza», y doña Juana, hija del conde de Lemos, concedió permiso para levantar la nueva fortaleza, que es la que hoy existe. En lo que a la población se refiere, en 1327 Alfonso XI parece que dio garantía a sus habitantes de que nunca sería enajenada de su condición de realenga, perteneciendo a personajes tan principales como don Pedro Alvarez Osorio, conde de Lemos. Pero rencillas y conflictos familiares crearon problemas sucesorios de gran embergadura. Al final fue la hija de Alvarez Osorio, Juana, quien heredó Villafranca y su castillo, con la que comenzó su nueva historia, precedida de una sublevación dirigida por su hermanastro ilegítimo.

 Castillo «Villafranca del Bierzo»

Como queda dicho, la conservación de este castillo es bastante satisfactoria. La fachada noroeste conserva los antiguos merlones rectangulares, característicos del renacimiento, perfectamente emplazados para utilizar armas de fuego; no ha corrido igual suerte un recinto irregular y más antiguo, que arrancaba del lado de dicha fachada en dirección al río, del cual apenas quedan señales, creyéndose, con fundamento, que pudiera tratarse de los restos del primer castillo. Otra de las particularidades de este recinto es que cuenta con una terraza de naves abovedadas, destinada a una plataforma para cañones. El castillo tiene tres pisos con sus correspondientes sótanos, y en buena parte está recubierto por un tejado de pizarra a dos aguas, con ciertas reminiscencias escurialenses, cosa poco repetida en los castillos españoles. Los pisos de la torre son de madera, realizándose la entrada por un pasadizo, desde el patio.

El hecho de que el castillo se encuentre incrustado en la población le presta un estilo hogareño, casi urbano. Por otra parte, la fortaleza cuenta con magníficas piezas heráldicas, desde las que nos es posible ir conociendo su historia y la condición de sus moradores. En la puerta de entrada nos encontramos con el escudo de don Fadrique Toledo y Osorio, tercer marqués de Villafranca del Bierzo, así como también el de Zúñiga, segundo marqués del mismo título, el de Osorio, de Luis Pimentel Pacheco, primer marqués de este linaje, casado con Juana Osorio y Barazán, y finalmente el del conde de Benavente, fallecido en 1461. Sabemos que la guerra de la Independencia afectó bastante al castillo, siendo saqueado por las tropas inglesas y convirtiéndose en prisión. Finalmente pasó a ser propiedad de los condes de Peñaramiro, sus dueños actuales, quienes se han preocupado con gran interés de su reconstrucción y mantenimiento, usando planos del arquitecto don Arturo Melida.

Una vez en Villafranca del Bierzo es obligada la visita a su conjunto monumental, en el que además del castillo, también conocido como palacio de los marqueses, son dignas de admirar sus casonas blasonadas de la calle del Agua, sus magníficos palacios e iglesias como las de San Juan de Fiz, que se halla a la salida de la ciudad, pequeño edificio de estilo románico; la de Santiago, también de la misma época; la de San Nicolás, antiguo Colegio de la Compañía de Jesús, del siglo XVII, la también románica de San Francisco, con portada mudéjar, y la Colegiata de Santa María de Cluniaco.

CASTILLO DE PONFERRADA (LEÓN)

LA OTAN MATA

CASTILLO DE PONFERRADA (León)

La Orden del Temple estuvo presente en los primeros tiempos de Ponferrada, tanto de la población como de su castillo. La ciudad fue repoblada en 1180 por mandato de Fernando II y el castillo, con anterioridad, donado a los templarios. Como es sabido, ésta fue una zona especialmente castigada por las incursiones musulmanas en los años cenitales del califato de Córdoba. Por eso al finalizar dicha amenaza, dio comienzo la repoblación del territorio y tuvo lugar la presencia del Temple. Por cierto que lo que dicha Orden recibió no fue el castillo que hoy conocemos, ni muchísimo menos, sino un espacio de terreno con algún vestigio guerrero, quizá las ruinas de un castro o cosa parecida. Pero los templarios, fieles a su tenacidad y talento, pronto levantaron un recinto digno de la posteridad.

El castillo ocupa una gran extensión rectangular de ciento cincuenta metros de largo por cien de ancho. No se trata de un terreno abrupto, inaccesible, como en tantas otras fortalezas, sino de un complejo amurallado de gran belleza arquitectónica; de un estilo amalgamado y diverso, quizá un tanto críptico, propio de los caballeros templarios. Con la espléndida panorámica del río Sil discurriendo por la parte oeste, cuenta con una especie de coraza o muro perpendicular que baja hasta el río con el fin de proteger a quienes tenían que bajar a por agua, así como una barrera en parte desaparecida. Por los otros tres lados tiene un bello foso que le aísla de la ciudad, por el que era necesario cruzar, a través de un puente, para penetrar en el castillo.

Ya queda apuntada la condición un tanto extraña de este castillo, su indudable espíritu templario, expresado en sus grandes dimensiones, en sus complejas comunicaciones, comenzando por la misma introducción. Los historiadores nos recuerdan al efecto influencias orientales, aprendidas por los caballeros del Temple en Siria y Palestina, a las que se unieron las que ya conocían del Al-Andalus español, que, sabido es, fue mucho más extenso que Andalucía. Había que conocer bien el camino si no querían perderse en vueltas y revueltas, entre puentes levadizos, fosos y pretiles. Una vez atravesado el foso, una puerta abierta entre dos cubos conducía al zaguán; luego había que torcer a la derecha y mediante otra puerta entrar en el recinto. Como puede verse, no era fácil moverse por los vericuetos del castillo.

No es tarea sencilla ni que se ajuste a la brevedad de estos apuntes la descripción de tan grandiosa mansión. El castillo de Ponferrada es obra de mampostería. Tanto en el interior como en la parte de saliente quedan restos de edificaciones templarias, con varias subidas al adarve. En la parte contraria, es decir, al oeste, estaría el magnífico patio de armas, ocupando prácticamente la mitad del recinto. La parte central del castillo está en el ángulo norte, formando un cuerpo rectangular con su torre del Homenaje. En su interior, un pozo. En un escudo de los Reyes Católicos, que campea en uno de los torreones, se percibe que no todo lo construido se debe a los templarios, sino que a lo largo de los siglos se han realizado reformas y añadidos. También, en otro lugar, figura un emblema del conde de Lemos.

Una vez que los templarios hubieron de abandonar sus posesiones, el castillo pasó a la corona de Castilla y León. Pedro el Cruel lo cedió a Juana de Castro, su abandonada esposa. Después fue a manos de un conde de Trastamara, a su vez condestable de Castilla. Posteriormente heredaron la fortaleza los Fadriques, hasta que los reyes Isabel y Fernando incorporaron a su reino el señorío de Ponferrada y su castillo, otorgándoselo después como alcaldía a los marqueses de Villafranca, quienes setenta años después solicitaron la adquisición del castillo a Felipe II. En la actualidad, superados los efectos del tiempo, todavía refleja con bastante exactitud, la grandeza de su pasado, y si no tanto como sería de desear, las reparaciones que se han llevado a cabo hacen posible que se conserve con pulcritud esta joya ponferradina, declarados —ciudad y castillo— monumentos nacionales.

74 • *Castillo «Ponferrada»*

CASTILLO DE PUEBLA DE SANABRIA (ZAMORA)

PUEBLA DE SANABRIA (Zamora)

Lo que en otros tiempos fuera fortaleza construida para fines defensivos y militares, hoy es Biblioteca Pública y Centro de Actividades Culturales. Las gentes de Puebla de Sanabria acuden ahora a este edificio para profundizar en los ámbitos del saber, para modelar lo mejor posible su sensibilidad. Aunque también la mera estancia entre sus recias paredes es ya suficiente para entrar en contacto con la reflexión histórica, con la contemplación de una verdadera obra de arte. Se corresponde este castillo —como se ha escrito— «a un grupo especial de fortalezas desarrolladas en Galicia y Portugal y formadas por una gran torre interior en el centro de un recinto amurallado, como observamos en los castillos de Miranda del Castañar, San Felices de los Gallegos, Asmensal o Ciudad Rodrigo». El frescor de las aguas del río Tera se percibe desde cualquier lugar de esta villa.

El castillo se encuentra enclavado al este de la población, integrado en sus propias murallas. A este respecto conviene recordar que Puebla de Sanabria hunde sus raíces históricas en el campo militar de una citanía

 Castillo «Puebla de Sanabria»

celta, algo parecido a un castro romano, pasando por todas las convulsiones de la época y siendo repoblada en el siglo IX, poco antes de la fundación del monasterio de San Martín de Castañeda, tan importante para el desarrollo general de esta comarca. Se ha podido acreditar documentalmente que dicho monasterio existía con anterioridad al 916. La villa estuvo amurallada desde los tiempos más lejanos, disponía de alcaide en su castillo y pertenecía al poder real. Alfonso X el Sabio le concedió fuero en 1273, aunque medio siglo antes ya lo había firmado Alfonso IX, lo que prueba el interés de los monarcas castellanos por este lugar.

Apenas hay concesiones a lo artificioso en el castillo. La austeridad y el rigor predominan a lo largo de todo el edificio, un impresionante rectángulo construido alrededor del patio de armas y culminado por una gran torre. El recorrido por el interior nos lleva a través de una galería hacia la parte de saliente, la cual termina en dos cubos. Torre semicircular al sur, cubo cuadrado al suroeste, cubos ultrasemicirculares en la entrada, unidos por una torre de forma cuadrada. Al noroeste otro cubo circular, y en el interior gran torre con cubo adosado. Pese a que no se trata de un edificio demasiado extenso, la comunicación entre sus dependencias no resulta fácil, cosa tal vez pretendida por quienes idearon los planos iniciales, pues la importancia política de los moradores de los castillos era siempre importante.

La puerta de ingreso está defendida por un matacán y el interior del castillo cuenta con varios pisos cubiertos con bóveda de cañón, a los que sólo es posible acceder a través de una escalera incrustada en el cubo semicircular adosado. La parte sur es muy parecida a la del norte, así como también a la del oeste. Mayor diferencia se percibe por la parte del este, la cual da al río Tera, tan cantado por los poetas zamoranos, entre ellos León Felipe. Este sector del castillo está compuesto por tres pisos en los que se advierten varios vanos adintelados, sin demasiada armonía, rematado por una galería dividida interiormente en dos largas salas desde la que puede contemplarse a gusto la belleza del paisaje sanabrés. Es éste un lugar propicio para ser habitado por artistas y poetas.

En cuanto a la época fundacional del castillo se conserva documentación referente a la misma, que debió acaecer en el siglo XIV. En el testamento de don Alfonso Pimentel, conde de Benavente, este notable personaje manifiesta: «Mando al dicho don Pedro mi fijo la meitad de la villa de Puebla de Sanabria con sus tierras e señorío e jurisdicción según que lo yo compre con la fortaleza que yo agora en ella fago». Se comenta que las obras pudieron quedar suspendidas durante cierto tiempo, pues la terminación del castillo no tendría lugar hasta ya finalizado el siglo XV, según se deduce en la heráldica de doña María Pacheco, hija de la marquesa de Villena y don Rodrigo Alfonso de Pimentel. Puede decirse que villa y castillo tienen historias absolutamente paralelas.

CASTILLO DE VILLALONSO (LEÓN)

VILLALONSO (Zamora)

Seguimos en tierras zamoranas, en pleno reino de León, con toda la Edad Media agarrada a sus villas y castillos. Cabalgadas del Cid y de la nobleza que rivalizaba con sus propios reyes, a los que ayudaba o combatía, según los casos y circunstancias. Los pueblos más próximos al castillo de Villalonso son Tiedra, Mota del Marqués y Toro, éste a once kilómetros, todos ellos con sus correspondientes castillos, no siempre bien conservados. El de Villalonso se halla muy próximo a la provincia de Valladolid, situado en una espléndida llanura, al filo de un arroyo tributario del río Bajoz. Tierras de una gran serenidad, por las que el águila vuela libremente y suele proliferar una fauna muy específica.

Suele comentarse, con toda razón, que la fortaleza que hoy visitamos es, quizá, la mejor conservada en muchas leguas a la redonda. Vista desde una cierta distancia, sus muros y su torre parecen un alcázar inmenso donde se albergan capítulos interesantísimos de la historia de España. Villalonso fue escenario de luchas y proyectos que no siempre salieron a gusto de sus señores feudales, más proclives a la defensa de opciones que no encontraron acomodo en los destinos de la nación. Ni la idea unificadora de los Reyes Católicos ni la imperial de Carlos V tuvieron acogida en estos señoríos, alineados primero con los partidarios de la Beltraneja y más tarde con los comuneros; terminaron rodeados por la derrota.

Pero acerquémonos al castillo, contemplémoslo despacio antes de penetrar en su interior. Si es por la mañana, advertiremos que la luz lo hace más nítido y majestuoso. Horas de paz, propias para el recreo de la vista ante tanta armonía y rotundidad. Si la visita la hacemos por la tarde, el silencio de la meseta se nos entra por los sentidos como una sensación mística o ascética. Entremos en la fortaleza a través del foso, como se

hacía antiguamente, y lleguemos de manera intuitiva hasta la torre del Homenaje. Inmediatamente veremos que la reciedumbre de los muros y cubos del castillo no ofrecen la más mínima duda. Aquí se trabajó con magníficos sillares de piedra caliza, admirablemente asentados. De ahí que el tiempo apenas si ha podido hacer de las suyas.

Los trozos de muralla que van de cubo a cubo, también llamados lienzos, no ofrecen apenas vanos, de no ser algún ventanal o rompimiento tal vez abierto en época posterior a la de su primera construcción. De gran tamaño son las almenas cuadradas donde se rematan los cubos y lienzos, destacando la saetera-barrera en cada una de ellas, así como el garitón situado en cada uno de los tres frentes, todo lo cual rompe la monotonía de los muros y presta un punto de distracción. Sobre la puerta de entrada, construida a la derecha de la torre del Homenaje, cuyo medio punto ofrece una nota de singularidad, se percibe una línea de matacanes y dos grandes almenas que sirvieron de defensa a dicha entrada. A la mencionada torre, de enormes dimensiones, se accedía por el primer piso y mediante una escalera de mano.

Por sus características, propias de los siglos XIV y XV, deducimos que de aquellos tiempos debe datar su construcción. Epoca de un gran impulso feudal por estos territorios, en la que la nobleza intenta confirmar su poder frente a los reyes levantando castillos y palacios de recia factura. Linajes como los Castro, Alba, Mendoza y Lara se hallaban tan encumbrados que no dudaban en competir con las órdenes militares e incluso, repetimos, con los monarcas. Porque también las órdenes militares tuvieron en las tierras centrales de España un inmenso poder. Incluso la Orden de Alcántara fue dueña de este castillo en el siglo XIII, aunque más bien se trataba del lugar, no de la actual fortaleza, construida posteriormente. Todavía se conservan los escudos de don Juan de Ulloa y de doña María Sarmiento, su esposa.

CASTILLO DE LA MOTA MEDINA DEL CAMPO (VALLADOLID)

CASTILLO DE LA MOTA, EN MEDINA DEL CAMPO (Valladolid)

Figura este castillo entre los más citados y reproducidos de cuantos existen en España. El nombre de Mota se refiere a la suave colina sobre la que se asienta, a pocos metros de Medina del Campo, villa importante de la provincia de Valladolid, en la carretera que atraviesa desde Madrid a la región gallega. Concienzudamente restaurado, ofrece un aspecto majestuoso con sus altos y fuertes muros de ladrillo, formando un cuadrado irregular flanqueado en tres de sus ángulos por gruesos torreones y en el del sur por la esbelta torre del Homenaje. El recinto exterior está formado por un adarve almenado sobre el foso, con cubos en sus ángulos y otros muchos menores en el centro de cada lienzo. Su gran número de arpilleras, garitas, paramentos y pasillos nos hablan de su extraordinaria eficacia defensiva, así como el ancho foso y el bien fortificado puente levadizo.

No se conocen bien los orígenes de La Mota, también conocido como castillo de Medina del Campo, aunque existe acuerdo sobre su ascendencia árabe, como también la población, perfectamente reflejada en su nombre. Ciertos elementos actuales parecen remontarse al siglo XII, a base de cal y canto. Tenemos que llegar al siglo XV para conocer mejor la naturaleza de sus obras, mudéjar de gran calidad, que emplea el ladrillo como sustento y elemento casi único, con intervención en 1480 de dos alarifes musulmanes, el maestro Abdallah y el maestro Alí de Lerma, junto a otros muchos artífices de nombre hispano. El año 1465, Enrique IV lo entregó a su maestresala Pedro de Salcedo y doce años después pasó a poder de los Reyes Católicos, quienes mostraron gran interés en su reconstrucción y mantenimiento, conscientes de la gran importancia histórica y arquitectónica del recinto.

Su diseño y las buenas condiciones en que ha llegado a nuestros días se debe en gran parte al maestro Fernando Carreño, que realizó en él importantes obras en el siglo XV sobre una estructura más antigua, de base mudéjar. Son dignas de verse sus arpilleras, cubos, barbacana, todo ello en torno al patio de armas, así como los corredores subterráneos a todo alrededor. Un puente levadizo, hoy permanente, conducía hasta la puerta sobre cuyo arco campea el escudo de los Reyes Católicos, con el yugo y las flechas, y su divisa, el nudo gordiano. La doble cintura de las murallas presenta azoteas almenadas, con saeteras y matacanes en el coronamiento. Detrás de toda esta defensa, el castillo albergaba estancias suntuosas, hoy desaparecidas casi por completo. Sólo restos decorativos las recuerdan con su exquisitez, preciosas lacerías de estilo mudéjar, diminutas arquerías, cupulines, zócalos...

El castillo de La Mota ha sido escenario de sucesos históricos de singular relieve. Citaremos algunos de los más importantes: en él se firmaron las capitulaciones de la desventurada Beltraneja; en sus estancias fallecieron la reina Isabel —aunque los historiadores modernos sitúan su óbito en un palacio de Medina— y su hija doña Juana la Loca. Por cierto que en una de sus salas, la conocida con el nombre de «Peinador de la reina», dice la leyenda que pasaba los días la pobre doña Juana, mirando los caminos, presa de la melancolía, esperando que algún día apareciera por alguno de ellos su esposo Felipe «el Hermoso», quien ya descansaba en su tumba. Convertido el castillo en prisión de Estado, aquí permanecieron encerrados Hernando Pizarro, César Borgia (que se escapó descolgándose desde una torre), el duque de Calabria, el valido Rodrigo Calderón y otros personajes de épocas diversas. Una historia enormemente interesante.

Medina del Campo, ciudad y castillo, reflejan con gran relevancia una de las épocas más esplendorosas de la historia de nuestra nación, el verdadero sentir castellano. Hoy pertenece a la Junta de Castilla y León, que es una buena medida para que pueda conservarse. La visita a estos lugares supone una incursión en el tiempo pasado, un acercamiento a los paisajes más característicos de la vieja Castilla, aquella que hacía los hombres y los «desfacía», según el dicho medieval. Las atardecidas son aquí transparentes y evocadoras, sobre todo cuando los rayos del sol doran la torre del Homenaje, las almenas, la armonía total de la fortaleza. Es uno de los castillos más grandes de España, dejándose ver sus torres desde la lejanía. Grande en dimensión superficial y en significación histórica.

CASTILLO DE FUENSALDAÑA (VALLADOLID)

FUENSALDAÑA (Valladolid)

Fuensaldaña es uno de los pueblos más antiguos de la provincia de Valladolid, de cuya capital dista tan sólo siete kilómetros. El nombre de la villa se halla abscrito a hechos muy importantes acaecidos en los últimos tiempos del feudalismo castellano, de lo que da fe su castillo, construido por don Alonso Pérez de Vivero a finales del siglo XV. No obstante, Fuensaldaña hace acto de presencia en la historia de España mucho antes, en los comienzos de la reconquista, cuando el poderío islámico ocupaba buena parte de la Península Ibérica. Tal vez el siglo XI sea el que marque los orígenes de esta población, coincidiendo con la repoblación cristiana auspiciada por don Pedro Ansúrez, valido de Alfonso VI, encargado de la gobernación del reino durante la ausencia de doña Urraca.

Es posible que aquí, en Fuensaldaña, hubiese otra fortaleza anterior, pero de ella no se conserva vestigio alguno. Tal vez algún castro romano o citanía céltica. Sería cosa de indagar en los viejos cronicones de la época. De lo que sí puede hablarse con toda clase de señales y datos es de su actual castillo, comparable a los más bellos de la región, con estampa y configuración singulares. Porque no es cierto que todos los castillo son iguales, como muchos creen, pues cada uno en particular obedece al gusto de quienes lo construyeron y habitaron y, por supuesto, a su época y situación estratégica. La Edad Media fue especialmente personalista y feudal bastante cerrada a todo tipo de influencias artísticas o sociales. Cada lugar era un pequeño mundo y cada castillo un microestado.

Se ha comentado, y es rigurosamente cierto, que el castillo de Fuensaldaña «forma parte de un tipo de castillos que podemos denominar castellano residencial, caracterizado por la sencillez de sus líneas, la gran elevación de la torre del Homenaje frente a los otros cubos que flanquean la fortaleza y el tener unos garitones que, partiendo de la torre del Homenaje, llegan hasta el suelo». Se trata de características propias del siglo de su construcción, época en que los castillos se piensan más para su disfrute residencial que para sus antiguos usos militares. Lo que no quiere decir que en Fuensaldaña sus dueños se olvidasen de incluir este tipo de defensas, aunque se advierte que lo esencial arquitectónico se inclina hacia otro tipo de menesteres más cortesanos.

Se halla la torre del Homenaje situada en la mitad de uno de sus flancos y no en un ángulo, como suele estar en otros castillos. Por tanto, dicha torre está defendida por dos cubos esquineros, presentando hacia la villa toda su imponente mole de treinta y cuatro metros de altura, realzando su vistosidad los garitones que le sirven de contrafuerte. Junto a la torre está la puerta que da entrada al patio de armas, el cual tuvo tres edificaciones adosadas a sus muros, siendo una de ellas la torre, a la que se accedía por la primera planta y mediante un estribo separado de la puerta, conectada por tablones de madera, abatibles, quedando aislada en casos de emergencia. La torre dispone de cuatro pisos, con sus correspondientes escaleras. Desde la terraza se ofrece un panorama espléndido del paisaje castellano.

Magníficamente restaurado, este castillo está actualmente habilitado para uso de la Junta de Castilla y León, a la que pertenece su propiedad. José María Cuadrado en su obra «Recuerdos y bellezas de España», lo describió así en 1860: «Por cima del cuadrado recinto de un muro que le cerca por tres lados, guarnecido de almenas y salientes cubos, descuella la gallarda altura del edificio de planta cuadrilonga, sobresaliendo los cuatro torreones que guardan sus ángulos y las dos garitas que resaltan en el centro de los lienzos más prolongados: los bélicos matacanes y los merlones recortados en triángulos con bolas a modo de perlas en sus cúspides, le forman alrededor una condal diadema de incomparable majestad».

CORTES DE CASTILLA Y LEON

CASTILLO DE PEÑAFIEL (VALLADOLID)

PEÑAFIEL (Valladolid)

En Peñafiel se desbordan las leyendas y cobran presencia nítida las lejanías. Se sabe de su existencia en los primeros siglos de la Edad Media, cuando era llave que cerraba el Duratón y sus caminos desde Segovia hacia el valle del Duero. Es sabido que en el siglo X, el gran Almanzor desmanteló la población, que volvería a resurgir en 1014 con el conde Sancho García, su repoblador, quien pronunció —se dice— la célebre frase: «Desde hoy en adelante esta será la peña más fiel de Castilla», con la que se dio origen al nombre de la villa; que antes se llamaba Peña Falcón. En Peñafiel son dignos de visitarse, además del castillo, el puente de ocho arcos sobre el Duero, la iglesia de San Salvador, que fue Real Monasterio a fines del siglo XI, y el convento de dominicos del siglo XIV, declarado monumento nacional en 1917.

«Pocos castillos se ajustan tan exactamente —escribió Gloria Otero— a la metáfora que compara su fábrica con un navío (...), cuya planta, larguísima y estrecha (211 metros de largo por 23 de ancho), se afina delicadamente en sus extremos, para que no falte detalle al símil». Es una fortaleza de estilo románico que se eleva sobre una loma solitaria, elegante, sobria y esbelta como pocas, con su doble muralla y sus treinta torres. Curiosamente su constructor fue un escritor, el infante don Juan Manuel, con el que dio comienzo la prosa literaria castellana, elevándola de rango con respecto a los escritos de su tío Alfonso X el Sabio. Aquí residieron ambos en ocasiones distintas y es más que probable que tanto el rey como el infante dedicasen tiempo a sus aficiones plumíferas. Del segundo se asegura que en Peñafiel compuso «El conde Lucanor».

Las murallas de este castillo están edificadas a base de excelentes sillares calizos, blanquecinos, y su torre del Homenaje se encuentra próxima al centro de la fortaleza, con varias plantas y garitones en los ángulos, los cuales también aparecen en la mitad de los lienzos de las torres. Hasta ventiséis torres semicirculares se levantan junto a los muros, unas con mayor grosor que otras, destacando por su tamaño aquellas que se encuentran en los extremos del castillo, todo él protegido por una bien conservada barrera, que sirvió de primer baluarte defensivo en tiempos de guerras. Junto a la torre del Homenaje estaban las habitaciones destinadas a residencia de los señores, dejando el resto para alojamiento de la servidumbre y de la tropa. En la parte baja del cerro, rodeado de tierra cultivable, se encuentra actualmente el cementerio de Peñafiel.

Debemos comentar, para que el lector se sitúe de manera conveniente en la historia del castillo, que la construcción realizada por el infante don Juan Manuel siguió una reconstrucción llevada a cabo por el maestre de Calatrava, don Pedro Girón, a cuya Orden concedió la villa y sus territorios el rey Enrique IV de Castilla. Por cierto que este gran maestre de Calatrava, personaje enormemente influyente, murió en el pueblo manchego de Villarrubia de los Ojos el 2 de mayo de 1466, cuando se dirigía a Arévalo a pedir la mano de la princesa Isabel, más tarde Isabel la Católica, hecho éste que de haberse consumado hubiera cambiado sustancialmente los rumbos de la historia de España. Refieren los viejos cronicones, que la princesa estaba dispuesta a rechazar las intenciones matrimoniales del maestre de Calatrava, aunque éste era uno de los pretendientes predilectos del rey Enrique.

Tanto Peñafiel como su castillo está lleno de episodios de primer rango histórico desde los albores de su existencia. Siempre estuvo en manos de nobles y personajes próximos a la realeza: Sancho García, don Juan Manuel, Pedro Girón, etc. Aquí se alojaron los partidarios de don Enrique de Trastámara en sus luchas con don Pedro el Cruel y en 1421 nació el príncipe de Viana. Y se hospedaron reyes y emperadores como Alfonso X y Carlos V. También se registra el curioso incidente que tuvo lugar en 1775 cuando unos jóvenes prendieron fuego a las puertas de madera, provocando un juicio dirimido en la Sala del Crimen de la Real Chancillería de Valladolid. El castillo, declarado Monumento Nacional en 1931, se conserva bastante bien, pese a los muchos contratiempos sobrevenidos.

CASTILLO DE VILLAFUERTE DE ESGUEVA (VALLADOLID)

VILLAFUERTE DE ESGUEVA (Valladolid)

Salvo la barrera, que se encuentra muy deteriorada, el estado actual de este castillo es bastante bueno. Se advierte en su conservación la atención que le presta la Asociación Española de Amigos de los Castillos, a la que pertenece su propiedad. Declarado monumento nacional en 1931, su conjunto arquitectónico corresponde al siglo XV, época de su construcción. Destaca de manera evidente su torre del Homenaje, con plantas de 12 x 10,5 metros de lado y cubillos angulares que se desplazan hasta el mismo suelo. Está coronada por ménsulas de piedra para dar forma al típico matacán corrido gótico, aunque carece de toda una fila de almenas. Su altura es de cinco pisos, todos ellos comunicados mediante una escalera de caracol.

El paisaje que lo rodea es más bien árido, propio de la comarca, pese a su proximidad al río Esgueva, afluente del Pisuerga. Tierras de pan llevar o de pastoreo en su mayor parte. Cielos limpios y largos inviernos. Toda la construcción del castillo es de excelente material, de buena sillería. Se advierten escasas aberturas al exterior, las cuales tampoco agregan ningún elemento interesante al edificio. Por las huellas que aún quedan puede apreciarse que tuvo foso, así como una letrina medieval. Igualmente se hallan en ruinas las edificaciones que hubo en el patio de armas, pero por los mechinales es fácil deducir que tuvo dos pisos en dos de sus lados, quedando el patio en torno a la torre. Bien conservados se encuentran los establos subterráneos que ocupan los cuatro lados.

Al hablar del castillo, de su conservación, del buen gusto que se percibe en la mayor parte de sus estancias, se hace preciso mencionar la excelente labor llevada a cabo por don Javier Bernard, su reconstructor.

Siguiendo la descripción de la fortaleza cabe detallar que la entrada a la torre del Homenaje, como sucede en otros castillos de estas peculiaridades, a los que ya nos hemos referido, resultaba un poco complicada, toda vez que desde el patio de armas hay una escalera de caracol que llega a la puerta, situada a siete metros de altura, la cual contaba con su correspondiente puente levadizo, lo que permitía, cuando ello era aconsejable, su total incomunicación con el resto del edificio. Detalles como la existencia de un pozo freático, chimeneas y otros aditamentos prestan un mayor encanto al conjunto arquitectónico.

Dada la época en que fue construido, el siglo XV, la historia de este castillo queda todavía próxima. Edificado por la familia Franco de Toledo, cuyo escudo heráldico campea en la puerta principal y en la torre del Homenaje, se vio sometido a los vaivenes y atrocidades de las tropas comuneras. Sin embargo, parece ser que los primeros propietarios fueron los caballeros de la Orden de Calatrava, así como también de la población de Villafuerte de Esgueva, pasando después a los duques de Gor y al marqués de novoliches. Pero una vez asentada la monarquía de la casa de Austria y pacificados estos territorios, parece ser que sus propietarios prefirieron trasladarse a lugares más seguros y confortables como Madrid o Valladolid, donde terminaron construyéndose sus mansiones palaciegas.

El valle del Esgueva centra la atención de esta zona. Por la topominia y las huellas que aún se conservan, se deduce que constituyó una ruta fortificada desde Bahabón de Esgueva hasta la propia ciudad de Valladolid. Dicha ruta bien pudo pasar por Torresandino, Tórtoles de Esgueva (Burgos), Castrillo de don Juan (Palencia), Encinas de Esgueva, Torre de Esgueva, Castroverde de Cerrato, Villafuerte de Esgueva, Pina de Esgueva y Castronuevo de Esgueva. Poblaciones hoy venidas a menos, diseminadas en su decadencia, pero que en otro tiempo tuvieron una gran influencia en la marcha de los acontecimientos de este antiguo reino de Castilla y León. La razón de su ruta fortificada lo deja suficientemente explicado.

CASTILLO DE FUENTES DE VALDEPERO (PALENCIA)

CASTILLO DE FUENTES DE VALDEPERO (Palencia)

Se ha escrito en numerosas ocasiones que la torre del Homenaje del castillo de Fuentes de Valdepero fue una de las más grandes y rotundas de cuantas han existido en la región castellano-leonesa. Torre adosada al muro del lado norte, colindante con el pueblo, se encuentra hoy bastante deteriorada, desmochada de algunos de sus pisos y reforzada por un contrafuerte en forma de talmud. Lo cual no impide que todo lo que todavía queda de ella nos recuerde su grosor y su belleza. Era, sin duda, la pieza más valiosa del castillo, lo que le daba mayor realce y personalidad. Tres plantas tuvo en su época de esplendor, todas ellas abovedadas. La primera ha sido dividida en dos y la tercera ya no existe; sólo queda el solar, a la intemperie del claro cielo de Castilla.

Si nos asomamos a los orígenes del castillo y a la historia de Fuentes de Valdepero, tenemos que retroceder hasta los tiempos de mayor tensión en las luchas contra los invasores mahometanos. Se menciona a un personaje de Monzón que en el 860 hubo de replegarse hasta aquí ante los embites musulmanes, lo cual indica la antigüedad de la villa, situada a cinco kilómetros de Palencia, en la vega del río Carrión, cerca también del monasterio medieval de Husillos. El castillo comienza a dar señales de vida en el siglo XIV, época de Juan I, figurando como alcaide del mismo Alonso Sarmiento, linaje que lo tendrá bajo su gobierno hasta 1550, en que fue comprado por Juan Enrique de Acebedo, sobrino del arzobispo de Toledo, primer conde de Fuentes de Valdepero, posteriormente pasó a manos de los duques de Alba y de los señores de Pedregón.

El tan citado Jorge Jiménez Esteban cuenta en su obra «Castillos de España» la siguiente anécdota: «Como dato curioso e importante, tenemos que don Pedro Enrique de Acebedo, primer conde de Fuentes de Valpero, fue nombrado gobernador de Lombardía (Italia). No lejos de San Gotardo hay una llanura llamada Plano d'Spagna con una elevación donde en 1603 construyeron los españoles un fuerte para defenderse de los grisones con los mismos planos que el castillo de Fuentes de Valdepero, ahuyentando al enemigo y conservando Italia la región de Valtelina». Se trata de una especie de reencarnación de este castillo en un tiempo y espacio de gran influencia española en el mundo y como prueba de afecto de uno de sus alcaides.

Contemplando el castillo con detenimiento se deduce que en otras épocas debió estar rodeado por una barrera y su correspondiente foso, una y otro ya desaparecidos, aunque todavía quedan algunas reliquias. También entra dentro de lo posible —y así se lee en alguna publicación— que existiera foso delante de la torre y por el interior del patio de armas. Se tiene la certeza de que el castillo tuvo tres crujías, que estarían tras la barrera y el foso, en la parte del este, bajo un arco gótico de medio punto, defendido por una cornisa de matacanes y dos garitones. Era éste el camino que atravesaba la cripta este

e introducía al personal a la torre. Efectivamente, es mucha la belleza de la fortaleza, pero también es mucho lo que el tiempo se ha llevado por delante, lo cual crea no poca desazón.

Resulta curioso constatar el espíritu independiente y soberano de las gentes castellanas de los siglos pasados, pues Fuentes de Valdepero y su castillo tomaron siempre partido por aquellos que ellos creyeron causas justas y patrióticas. Así, por ejemplo, en la guerra de los Comuneros de Castilla contra Carlos I de España, tanto la villa como los alcaides del castillo se inclinaron por los ideales de Juan Bravo, Juan de Padilla y Francisco Maldonado, luchando a su lado hasta la derrota de Villalar. Con tal tenacidad y bravura pelearon en este pueblo, que fue necesario que el obispo Acuña, en acción valerosa, tuviera que asaltar los muros de la fortaleza. Respecto al nombre de Valdepero pudo deberse a Pedro de Palencia, hijo del conde Fernán González, repoblador de la zona en el siglo X, aproximadamente.

CASTILLO DE AMPUDIA (PALENCIA)

CASTILLO DE AMPUDIA (Palencia)

Ampudia, en Tierra de Campos, es villa hidalga y generosa, incardinada, como todas las colindantes, en los sucesos históricos de la vida de los reinos de Castilla y León. Situada al sur de la provincia de Palencia, junto al Valle del Arroyo, tributario del río Valdeginate, además de la atractiva estampa de su castillo, ofrece al visitante algunos otros monumentos como la elevada torre de la antigua Colegiata, de extraordinaria belleza, la cual destaca del resto de las edificaciones urbanas.

Se ha dicho que esta torre resulta más propia de una catedral que de una parroquia, que es la función que actualmente desempeña. En dicha Colegiata se conserva un preciado tesoro de retablos, rejas, pinturas, imágenes y sepulturas de singular valor, motivo de especial orgullo para los naturales del lugar.

Pero es el castillo el tema de nuestro trabajo. Se trata de una fortaleza de planta clásica, protegida por una barrera con diez cubos circulares, que debieron ser más, como se advierte por el derrumbamiento de la misma en la parte oeste. Contaba también con un ancho foso que se superaba mediante un puente fijo. El castillo es de corte rectangular en torno al patio de armas, con cuatro cubos de planta cuadrada en las esquinas. Uno de ellos ejerció como torre del Homenaje, dadas su altura, ligeramente mayor, y sus características. Para penetrar en el recinto es preciso pasar por el arco de medio punto, que sirve de puerta, el cual está situado entre dos cubos y protegido por dos garitones amatacanados. En lo alto vemos el escudo de don Cristóbal de Sandoval Rojas y de la Cerda, primer duque de Uceda e hijo del duque de Lerma.

A diferencia de la barrera, el cuerpo principal del edificio está construido con sillares, y consta de tres pisos, además de sus correspondientes sótanos y azoteas. Tanto en fachada como en torres aparecen ventanas de aspecto sencillo y utilitario, que prestan al conjunto una nota de lo que pudo ser su vida interior, enriquecido todo ello por determinadas muestras de estilo gótico. Las almenas son de forma cuadrada, con doble fila de saeteras, una, alterna, en el almenaje y otra completa en la parte de más abajo. Igualmente en el interior del castillo se conservan molduras góticas labradas en piedra, detalles que dan vistosidad al conjunto. También debemos hacer mención de los pisos con yeserías góticas y escudos nobiliarios, en los que se perciben los linajes que gobernaron el castillo, nobles y señores que no siempre estuvieron de parte de los reyes.

La planta baja, como casi siempre sucedía en este tipo de fortalezas, estaba dedicada a caballerizas, instalándose también en ella las cocinas, el cuerpo de guardia y una serie de dependencias relacionadas con el almacenaje de avituallamiento y con la residencia de la tropa. Los señores se posesionaban de los salones más suntuosos y confortables de la planta primera o principal. Era aquí donde se volcaba todo el ornamentaje, la situación de ventanas y miradores, dotándola de artísticas chimeneas y refina-

das techumbres. Otro dato que debe observar el viajero que visite este castillo es las dos torres del lado oeste, son de una altura y grosor muy parecido a la del Homenaje, constituyendo las tres una admirable muestra de torres góticas de castillo. Tampoco debe faltar la visita a las bodegas subterráneas.

Todo ello completado por un repaso a la historia del recinto, para lo que debe ir provisto de algún folleto explicativo o contar con alguna persona versada en la misma. Ya queda dicho que el castillo, lo mismo que la villa de Ampudia, se vio implicado en muy serios y controvertidos acontecimientos. Enriques y Beltranejas, comuneros y partidarios de los Austria, libraron en esta Tierra de Campos intrigas y batallas de las que los muros del castillo conservan huellas indelebles, lo mismo que siglos más tarde también alteraron la paz de Ampudia las guerras de la Independencia y otras no menos cruentas. Digamos finalmente que el castillo fue declarado Monumento Nacional en 1931 y adquirido en 1960 por don Eugenio Fontaneda, quien se ha ocupado de su restauración con toda clase de detalles.

Castillo «Ampudia» • 111

CASTILLO DE PEDRAZA (SEGOVIA)

CASTILLO DE PEDRAZA
(Segovia)

Desde la villa medieval de Pedraza, cuidada con especial esmero por sus autoridades y vecindario en general, hemos de atravesar un buen trecho de campo, cuesta arriba, para llegar al castillo. Puede que haya como unos doscientos metros de verde praderío. Y la llegada se produce por la entrada principal, de arco gótico, arropada por dos garitones. Esta puerta, desde la que puede verse todo el pueblo, tiene como primer elemento un foso que se pasaba por un puente levadizo, y conserva la madera primitiva de su construcción, así como parte del chapado en hierro y clavos en punta, que servían igualmente como elemento defensivo. Una enorme tranca la cerraba de manera inexpugnable. Escudos heráldicos de los Velasco y del duque de Frías hablan por sí solos de quienes fueron los dueños de la fortaleza.

Pedraza, situada a treinta y cinco kilómetros de Segovia, conserva admirablemente la mayor parte de sus peculiaridades ar-

quitectónicas, como si el tiempo se hubiera detenido más allá de sus murallas. Sus calles y plazas de severa piedra, sus blasones y su plaza porticada prestan al castillo un marco realmente espléndido. Recordemos que como todas las plazas fuertes de esta provincia, la villa de Pedraza estuvo siempre unida a su castillo. Ciudades como Avila, Segovia o Lugo sirvieron de modelo para el tramado defensivo de poblaciones más pequeñas, como ésta. Por otra parte, convendría hacer un estudio lo más completo posible con el fin de determinar una serie de edificaciones militares, construidas en la Edad Media, en las inmediaciones de esta villa, las cuales han dejado huella en la toponimia de la zona.

El de Pedraza tiene fama de haber sido uno de los castillos más inexpugnables del país. De hecho es completamente inaccesible por tres de sus lados, mientras que el cuarto ofrecía escasas posibilidades de ser abatido. Su planta tiene la peculiaridad de ser poligonal, además de ser muy irregular en su forma. Como queda dicho, su puerta de acceso se abre en la barbacana por un solemne arco ojival entre dos salientes garitones. En ella campea el escudo de la familia de Velasco, ilustres personajes que residieron en Pedraza en el siglo XVI y quienes realizaron buena parte de las reformas del castillo tal y como hoy se conserva. Aunque la más reciente y radical fue la llevada a cabo por el pintor Ignacio Zuloaga, quien adquirió el castillo a principios de nuestro siglo, cuando se hallaba absolutamente abandonado, acondicionándolo para vivienda personal.

Pero como ha escrito Gloria Otero, «Zuloaga, de origen vasco fue un enamorado del paisaje castellano, que retrató una y otra vez en sus cuadros. En Pedraza lo encontró en toda su magnífica pureza. Como restaurador no fue, sin embargo, muy cuidadoso. Restauró el castillo con más fantasía que veracidad y convirtió su torre del Homenaje en una envidiable vivienda con todas las comodidades del presente, pero con muy poco respeto por la arquitectura medieval, ya que desmochó lamentablemente su alzado». De mis visitas al castillo recuerdo sus cuidadosos jardines y el ambiente artístico que en sus salones se advertía, sin que por ello no tenga razón Otero en lo que dice. Toda la obra del castillo es de piedra, alterando la buena sillería escuadrada de la barrera de sus torres con sillarejo, también de excelente calidad.

Dispuso de tres pisos en torno al patio de armas, en los que todavía se pueden apreciar las ménsulas que sostenían las vigas de madera. A esto hemos de agregar el sótano y la azotea, lo que aumentaba la superficie habitable. Ventanas con arco carpanel y otros adimentos dan señales de los siglos XV y XVI. Como no podía ser menos todo el conjunto de Pedraza, villa y castillo, fue declarado Monumento de Interés Histórico en 1951, reconociéndose de este modo el valor arquitectónico también de la plaza mayor, de las tres iglesias, de las murallas y del caserío. El castillo fue donado durante un tiempo al obispado de Segovia, pasando después a propiedad real y luego particular. Uno de los sucesos históricos más conocidos es el referente a la estancia en esta fortaleza, en calidad de rehenes, de Enrique y Francisco de Valois, hijos del rey de Francia Francisco I derrotado en la batalla de Pavía, por Felipe II.

CASTILLO DE TUREGANO (SEGOVIA)

CASTILLO DE TUREGANO (Segovia)

Este de Turégano es uno de los castillos más fotografiados de España. Desde la plaza mayor del pueblo, de extraordinaria belleza castellana, la estampa que ofrece el castillo es enormemente atractiva, lo cual induce al visitante al uso emotivo de la cámara fotográfica.Característica de esta deslumbrante visión es la espadaña colocada sobre la puerta de entrada a la iglesia, entre dos cubos circulares, pese a trastocar de manera evidente la armonía arquitectónica del conjunto. Pienso que este apéndice campanil pudo resolverse mejor en su momento, aunque, como queda dicho, ya forma parte de la estampa clásica del monumental recinto.

Opinan los historiadores que Turégano es de origen celtibérico y que en el terreno que hoy ocupa el castillo bien pudo existir un castro romano, convertido posteriormente en fortaleza musulmana, conquistada por el conde Fernán González y repoblado por su hijo Gonzalo. El nombre puede proceder de la expresión latina «turrícula», aludiendo a torrecillas, aunque también se habla de turrum-vegaún, que terminó convirtiéndose en Toródano cuando, en 1123, doña Urraca de Castilla, hija de Alfonso VI, donó la villa y el castillo a la Mitra segoviana, convirtiéndose el obispo en señor feudal del lugar. De tal manera que en la plaza mayor del pueblo se construyó un palacio que sirvió de residencia de los obispos segovianos durante sus estancias en Turégano.

Sin duda la nota característica que predomina en el castillo es la iglesia construida en su interior, la cual ocupa gran parte de lo que fuera plaza de armas. Se trata de un templo de corte románico, dedicado a San Miguel, edificado con anterioridad a la fábrica del castillo, levantada en la segunda mitad del siglo XIV, sobre otra anterior, por el obispo de Segovia don Juan Arias Dávila. La iglesia consta de tres naves y tres ábsides semicirculares, constituyendo la parte más valiosa de todo el conjunto. Pero, pese a mantenerse un cierto respeto a lo ya hecho, la verdad es que a lo largo del tiempo el castillo ha ido sufriendo añadidos y modificaciones. En el siglo XV se construyeron habitaciones y dependencias encima de la iglesia e incluso en ésta se hicieron obras de remodelación.

El castillo está resguardado por un doble foso y un tripe recinto fortificado, aunque bastante deteriorado en varias de sus partes. Del primer recinto exterior sólo quedan algunos restos de torreones y escasos paños de murallas, en tanto que en el segundo se mantiene prácticamente entero con muchos almenados en los que sobresalen varios cubos. Dentro de este recinto se encuentra el castillo con almenas, cubos y barbacanas, todos ellos dominados por un torreón de notable altura y con airosa traza. En el interior, como queda dicho, está la iglesia románica con sus tres naves sin crucero y sus tres ábsides. La planta del castillo es de forma cuadrada, destacando tres viejísimos torreones a cada lado. La aludida espadaña hace las veces de torre del Homenaje, que en realidad debió ser la que se encuentra a la derecha de la puerta del templo.

Y además la historia, los acontecimientos que tuvieron lugar en torno al castillo y a la villa. Hemos de remontarnos al nacimiento de Castilla, a la época del conde Fernán González, quien agrandó la fortaleza para que sirviera de sólida base estratégica para la defensa de los territorios cercanos. Pasados los siglos, los obispos segovianos perdieron su potestad sobre el castillo, pasando éste al patrimonio real. Fue la época en que sirvió de prisión a Antonio Pérez, acusado de haber intervenido en el asesinato de Escobedo. También se cree que en él estuvo Isabel la Católica en uno de sus viajes a Segovia. En cualquier caso, por muchos de los detalles percibidos se advierte que la mayor influencia recibida por el castillo y por la villa de Turégano viene dada por la presencia de la Mitra segoviana, bajo cuya influencia estuvieron mucho tiempo.

120 • *Castillo «Turégano»*

CASTILLO DE COCA (SEGOVIA)

CASTILLO DE COCA (Segovia)

La provincia de Segovia tiene fama de contar con magníficos castillos, admirablemente conservados. Fue ésta, a lo largo de muchos siglos, tierra de grandes señoríos, de presencias caballerescas, de enorme influencia en la Corte, no importa dónde los reyes se estableciesen. Sobre todo entre los siglos XV y XVI, épocas de validos y de monarquías en período de asentamiento. Isabel la Católica profesó siempre un especial apego a Segovia, teniéndola por zona leal a los proyectos expansivos de la monarquía castellano-aragonesa, representada por ella y su esposo Fernando. Y se advierte en sus palacios, en sus fortalezas, en sus iglesias y catedrales, en sus obispos y gobernantes. Poblaciones como Turégano, Coca, Cuéllar y la misma capital han contribuido al mayor brillo de la historia de España.

La visita al castillo de Coca nos sumerge en todo este entramado social y político del tiempo pasado. Situado en la confluencia de los ríos Eresma y Voltoya, a cincuenta y cuatro kilómetros de la capital de la provincia, al oeste de la ciudad y rodeado de hondos fosos, se ofrece a la vista este castillo, que es tenido por muchos como el más silencioso de España y uno de los más bellos. Construido en pleno siglo XIV —sus obras se iniciaron en 1453— por el arzobispo Alonso Fonseca, quien cambió su condado de Saldaña por estas villas de Alaejos y Coca, es obra de espléndida factura gótico-mudéjar, realizada por artesanos moriscos que dejaron en sus trabajos un estilo característico, sin abandonar las normas fundamentales de la arquitectura española y cristiana. La panorámica que ofrece el castillo resulta en verdad inolvidable.

Para que el lector se haga una idea de la situación del castillo de Coca, hemos de informarle que de él parte la enorme muralla que rodea y protege al pueblo. Eso en primer lugar. La segunda cosa, entre tantas otras, que debe saber quien llegue por vez primera a Coca es el modo y la manera cómo los constructores de este castillo supieron compensar la situación llana del terreno con sus fines defensivos, cosa que consiguieron a base de buscar la altura mediante un gran foso abierto en los terrenos que dan a la población, realzándolo con un muro por la parte que da a la campiña. Digamos que la planta del castillo es de corte clásico, un rectángulo con torres o cubos circulares en tres de sus esquinas, y en la cuarta, con torre cuadrada, la torre del Homenaje. Magnífica también es la barrera que rodea el recinto, separada del mismo por un gran foso, tenido por el mejor de cuantos existen en Castilla.

En este caso, como es propio del estilo mudéjar, el castillo está construido con ladrillo y ofrece no pocas muestras del arte arábigo en detalles decorativos, como estucos y lacerías, así como en puertas, especialmente la de la muralla de la torre del Homenaje, que ostenta un arco árabe encuadrado por otro apuntado en ladrillo. El conjunto, de maciza e importante mole, representa un ejemplo bastante insólito por lo que acumula de fantasía expresiva, de originalidad clásica, sin apartarse por ello de la rotundidad propia de los castillos de su época. De inmediato se observa que existe una primera fase constituida por un pretil que circunda el foso. Desde un puente levadizo, que iba del pretil a la barrera, se abría la puerta de entrada, puente defendido por dos cubos de ladrillo con planta prismática e historiadas almenas, así como saeteras, tranca vertical, rastrillo y puerta doble batiente.

Atención especial merece la barrera, posiblemente la más completa y mejor conservada de cuantas existen en el castillismo español. Barrera con bellas torres en sus esquinas, torres de planta hexagonal, con seis garitones igualmente de ladrillo, sin que falten los falsos matacanes, las almenas decorativas, lacerías con asuntos geométricos, de los que aún quedan suficientes muestras. Préstese también atención a los garitones simples que rompen la monotonía de la larguísima muralla. Por otra parte está el almenado del castillo, con juego de almenas dobles que nos recuerdan los merlones de las edificaciones proyectadas para el empleo de armas de fuego. En lo que hace a la planta principal es también rectangular, de corte semejante al cuadrado, repitiéndose la fórmula en la torre del Homenaje, torre próxima al puente levadizo, lo que la resguardaba aún más de sus atacantes, los cuales tenían que tomar vuelta para abordarla.

El patio de armas semeja la fisonomía de un patio castellano de época, sustituyendo a otro que hubo a base de columnas en sus dos pisos, zócalos de azulejos y yeserías, perdido en 1828, y no por efecto de ningún tipo de invasión o incendio, sino porque todo lo que allí había de valor fue enajenado por un administrador de los duques de Alba. La sala primera de la torre del Homenaje está ahora dedicada a capilla, cuya bóveda de ladrillo presta realce a los objetos artísticos allí acumulados. En otros pisos puede verse cómo sus paredes estuvieron enlucidas, pintándose encima dibujos de temas varios. La azotea de la torre, con sus almenas de ladrillo, extraordinariamente labradas, forman asuntos diferentes. Todo esto está muy bien conservado. Desde arriba, el visitante puede contemplar el campo castellano, llano, con sus pinares y barbecheras.

Se sabe que históricamente Coca es villa de origen vacceo, que sus habitantes primeros procedían de una antigua región de la España tarraconense, que se extendía de una a otra orilla del Duero y cuyo territorio era el que hoy forman los términos de Medina del Campo, Valladolid, Palencia, Sahagún, Villalpando y Zamora. En tiempos de la dominación romana, Coca tuvo cierta importancia, naciendo aquí nada menos que el emperador Teodosio. Después, con visigodos y árabes vendría la decadencia, para repoblarse en el siglo XII. Aunque su auge mayor vendría dado en el siglo XIV, época en que se construyó el castillo, la iglesia de Santa María y aumentaron sus murallas. Una nota característica para los amantes de las curiosidades históricas es que en este castillo estuvo refugiada Beatriz de Boadilla, dama y consejera de Isabel la Católica, y lugar de acogida del cardenal francés Jean Jouffroi.

Finalmente digamos que el castillo fue declarado Monumento Nacional en 1931 y que tras una esmerada restauración realizada en 1956 se convirtió en Escuela Hogar de Capataces Forestales, tras ser cedido por la casa de Alba.

CASTILLO DE CUELLAR (SEGOVIA)

CASTILLO DE CUELLAR (Segovia)

En varias ocasiones se celebraron Cortes en Cuéllar, villa marcada por la presencia del poderoso valido de Enrique IV, Beltrán de la Cueva, primer duque de Alburquerque, de quien recibió el señorío de estas tierras y la propiedad del castillo. Pero la historia de Cuéllar y de su fortaleza se remonta a muchos siglos atrás, a la época del conde Fernán González y de su hijo Ansúrez, verdaderos artífices de Castilla, reconquistadores y repobladores de estas comarcas, desmanteladas y maltrechas por los efectos de la invasión sarracena. Constan datos bien confirmados de las incursiones del caudillo Almanzor, quien arrasó Cuéllar, llevándose cautivos a todos aquellos habitantes que no habían perecido en la lucha o en el saqueo. Se sabe de la existencia de esta población a partir del siglo X, denominándose a toda la zona el «desierto del Duero».

El castillo está situado en una suave altura de las afueras de la ciudad, dominando un vasto panorama. Su parte exterior presenta un aspecto más bien sombrío y amenazador, aunque conforme vamos penetrando en sus estancias interiores esa impresión va desapareciendo. La suntuosidad de sus salas nos hacen pensar en que aquí se desarrolló una vida cortesana, elegante y refinada, realzado todo ello con la presencia de elementos góticos y renacentistas. Es digno de destacarse la belleza de su plaza de armas, con una doble galería de columnas de piedra berroqueña. En su parte inferior se encuentran los blasones con la divisa «Agro dulce», agridulce, que evoca los muy diversos hechos que aquí tuvieron lugar, los cuales, dada la antigüedad del castillo, fueron tan distintos como apasionantes, protagonizados por personajes de altísima alcurnia.

La principal reforma llevada a cabo en esta fortaleza se debe a don Beltrán de la Cueva, quien la transformó desde su primitiva construcción medieval en una mansión renacentista y confortable, respetando, todos aquellos elementos arquitectónicos dignos de conservarse. Porque don Beltrán, como es sabido, llegó a creerse el verdadero dueño

de Castilla y preparó toda su parafernalia política y palaciega para instalar en Cuéllar una verdadera Corte que compitiera con la de su protector Enrique IV, al que deshonró al convertirse en el amante de la reina, echando por tierra el proceso sucesorio de la Corona. No obstante, el asunto de los amores del privado con la mujer del monarca, don Beltrán se casó tres veces en este castillo, al quedar viudo de sus dos primeras esposas. Bodas que congregaron a toda la alta sociedad castellana, incluidos los reyes.

Cuatro torres de distintas características tiene el castillo. La del nordeste encierra una estancia de alta bóveda, iluminada por una ventana del gótico tardío; la del sureste, cuadrada, se ahueca en calabozos, cuartos para mesnaderos y caballerizas. Entre las otras dos discurre una muralla abierta con una puerta de arco árabe y una galería cubierta, de sencillo estilo renacentista. En las murallas exteriores se advierten también las adiciones posteriores a su construcción en elementos góticos y mudéjares. El castillo conservó hasta el siglo XIX una importante armería, orgullo de los monarcas españoles, en la que se llegaron a contar más de trescientos modelos de armaduras, cañones, lanzas, arcabuces, espadas, banderas y otros utensilio militares.

El castillo es de planta poligonal, romboidal, en torno al patio de armas. De él parten las murallas que circundan la población, formando el vértice de lo que fue la antigua ciudadela, cuyo centro puede ser la iglesia de San Martín. Convertido en cárcel durante el siglo pasado y posteriormente destinado a usos poco dignos, actualmente alberga en una de sus partes, debidamente acondicionada, una Escuela de Formación Profesional. Mansión de grandes señores y testigo de más de mil años de aconteceres de la vida castellana, el castillo de Cuéllar es una invitación al viaje, donde además de su visita, la población cuenta con una serie de monumentos de extraordinaria importancia artística, tales como sus iglesias, sus palacios y sus murallas.

CASTILLO DE AREVALO (ÁVILA)

CASTILLO DE AREVALO (Avila)

Quizá sea conveniente, antes de visitar el castillo, darse una vuelta por la zona monumental de Arévalo. Partir de la plaza de Arrabal, pasar por el arco de Alcócer, que da a la plaza Real y por allí llegar hasta la plaza de la Villa, pues en este recorrido nos encontraremos con toda la historia de Arévalo marcada en sus monumentos, sobre todo en la última de las plazas mencionadas, de impresionante estilo medieval castellano, con sus iglesias de Santa María y San Martín, la primera, fundación y enterramiento de los caballeros Briceños; la segunda, de estilo mudéjar, con dos enormes torres llamadas «gemelas» y un atrio románico. Una vez puestos en situación se comprende mejor la significación histórica y la belleza arquitectónica del castillo.

Separada discretamente de la población, la fortaleza se levanta sobre una zona un poco más elevada, próxima a la confluencia de los ríos Adaja y Arevalillo. Consta de una planta pentagonal con dos cubos y un garitón en tres de sus esquinas, quedando reservada la cuarta para la gran torre del Homenaje. Tenemos la impresión de que el castillo está demasiado restaurado, sobre todo en sus estancias interiores, hoy ocupadas por dependencias de la Consejería de Agricultura de la Junta de Castilla y León. Lo que hace difícil poder visitarlo. Esto no quiere decir que los restauradores no hayan tenido en cuenta las características arquitectónicas del edificio, pero hay algo que deja un poco frío al viajero que llega en busca de los vestigios del pasado.

Pues la historia de Arévalo es muy importante desde los primeros tiempos del reino de Castilla. Ya Alfonso VI conquistó la fortaleza musulmana en 1082, dándole carta funcional seis años más tarde, una vez asentados los linajes que permitieron la conquista y defensa de la plaza: los Montalvo, Briceño, Sedeño, García de Tapia y Verdugo.

En 1256, Alfonso X el Sabio otorgó fueros a la villa. Los convenios y estrategias que se pusieron en marcha durante los siglos de reconquista impulsaron el desarrollo social y demográfico de Arévalo, que gozó de la protección de los Trastamara, siendo crucial, en el siglo XIII, su aportación al triunfo de las Navas de Tolosa. Más tarde llegó a convertirse en «llave de Castilla» con ocasión de las guerras civiles contra Aragón y Navarra.

Por lo que se refiere al castillo, a sus formas arquitectónicas, a su estructura, hemos de hablar de una construcción primitiva, de corte mudéjar, con piedra mezclada, que corresponde a la parte inferior de la torre del Homenaje y a otros sectores del edificio. Luego hay otra posterior, realizada en piedra, que da la forma redondeada a la torre, embutiendo la anterior torre mudéjar, siendo el frente con portada adovelada y troneras de buzón para la defensa, reforzando determinados lienzos de su parte baja. Del mismo modo se repara el almenaje en esta operación reformadora, sustituyéndolo por un parapeto almenado con arquillos ciegos que imitan matacanes. La carencia de vanos o aberturas a lo largo de los muros confirman su finalidad defensiva.

Hacia mediados del siglo XV don Alvaro de Zúñiga, duque de Arévalo, ordenó edificar la fortaleza tal como ahora la vemos, construida sobre otra anterior. En 1479, este ilustre personaje entregó la villa a Isabel la Católica, ya reina de Castilla, quien había habitado el castillo en sus años juveniles, pasando no pocas privaciones. Isabel profesó un gran afecto a Arévalo, por todo lo que supuso en su vida y en la de su familia, gustando ser llamada «señora de Arévalo». También, en la primitiva etapa del castillo tuvo lugar la prisión de doña Blanca de Borbón, esposa de Pedro I. En los últimos siglos, las guerras de Sucesión y la Independencia produjeron saqueos y ruina para el castillo, todo ello, como ha quedado dicho, ya restaurado.

CASTILLO DE MOMBELTRAN (ÁVILA)

CASTILLO DE MOMBELTRAN (Avila)

Dos personajes acaparan la mayor atención histórica tanto de la villa como del castillo de Mombeltrán. El primero, en orden a antigüedad, es don Ruiz López Dávados, condestable de Castilla, procesado por orden de Enrique III y condenado al destierro, incluida la confiscación de bienes. El segundo es don Beltrán de la Cueva, valido de Enrique IV. Al primero correspondió la edificación del castillo, la cual tendría lugar al comienzo de la segunda mitad del siglo XV. Don Beltrán hizo cambiar de nombre a la villa, llamada hasta entonces Colmenar de las Ferrerías. Tras la donación recibida de la Corona, pasará a denominarse Mombeltrán, en honor a su nuevo dueño. Finalmente, tras los acontecimientos que acabaron con la influencia del supuesto padre de «La Beltraneja», el castillo pasó a manos del duque de Alburquerque.

Situado en un paisaje pintoresco, el castillo de Mombeltrán es uno de los más visitados de la provincia de Avila. Produce una gran impresión de reciedumbre y austeridad, en consonancia con el espíritu castellano. Cuenta con la particularidad de un formato circular en todo lo que se refiere al exterior del edificio propiamente dicho, pues circulares son sus torres y también su muralla defensiva, construida en forma de taluz, y bastante bien conservada. Alguna vegetación más bien de monte bajo, rodea la fortaleza, vislumbrándose hacia la parte de atrás las altas y rocosas alturas de un cerro en cuyas estribaciones se halla el castillo. Cielo gris, propio de zona montañosa, y tardes sombreadas y agradables, completan el entorno de Mombeltrán, de una Castilla más agreste.

La entrada al castillo se hace por una puerta ubicada en un pequeño recinto semicircular, por la que se llega al antiguo patio de armas, transformado en patio de palaciego, con tres lados de galerías, a base de columnas de piedra sobre las que descansan arcos de ladrillo. En torno al patio, todavía es posible apreciar las diversas habitaciones residenciales que existieron en

las épocas de esplendor, así como la capilla, las habitaciones para la servidumbre y otro tipo de dependencias. La torre del Homenaje cuenta con una serie de pisos que se apoyaban en una columna de piedra ochavada que va desde el suelo hasta la parte más alta. Estos pisos eran de madera, separados unos de otros y únicamente accesibles utilizando escalera de mano, todo ello para mayor seguridad de sus moradores.

Como decimos, el castillo ofrece notas de originalidad, tal vez propias de su asentamiento. La ya aludida y bien conservada barrera, con muros en taluz y con galería interior. También llama la atención su bello almenaje y toda la cornisa de matacanes de los muros, así como los adornos arquitectónicos de estilo gótico de la doble cornisa de las torres, posiblemente diseñados por Juan de Guas. También en lienzos y homenajes se percibe una doble profusión de elementos defensivos, a base de saeteras y troneras, propias de los siglos XV y XVI. En varios de los detalles de sus torres, principalmente, se advierten ciertas coincidencias con otras de castillos como los de Manzanares el Real, Las Navas del Marqués e incluso en la villa conquense de Belmonte.

Apenas queda nada de su historia en el interior del castillo. Sólo los muros, torres y barrera. Hacia la parte de dentro, todo es vacío y silencioso, ruinas de un tiempo apenas referido en los cronicones de aquellos siglos, cuando los principales episodios de la vida española carecían por estos pueblos de la vieja Castilla. Arrogancias y derrumbamientos de personajes que contaron con el valimiento del poder real, pero que luego cayeron en desgracia. Sólo una familia, la ducal de Alburquerque ha mantenido la propiedad y el mantenimiento del castillo desde hace casi cinco siglos hasta nuestros días. No es poco mérito en una época en que los intereses personales van por otros caminos.

CASTILLO DEL BARCO DE AVILA (ÁVILA)

 Castillo «Barco de Avila»

CASTILLO DEL BARCO DE AVILA (Avila)

Aunque la historia de los pueblos castellanos suele perderse en la noche de los tiempos, participando en los más antiguos episodios de la Edad Media, la de Barco de Avila empieza a tener presencia documentada en los cronicones del siglo XIII, cuando Alfonso X la construye cabeza de señorío en favor de su hermano el príncipe Felipe. Este señorío comprendía una docena de pueblos, conservando todavía varios de ellos el topónimo de Corneja, relacionado con el valle y río Corneja, afluente del Tormes. Por otra parte, sabido es que el nombre del Barco se refiere a una barca que se utilizaba para cruzar el ancho río, en tiempos anteriores a la construcción del puente medieval. Barco de Avila está situado en un hermoso paisaje, concretamente sobre una remontada del terreno, junto al Tormes.

El castillo es obra del siglo XV, de planta cuadrada, con cubos circulares en sus cuatro ángulos, contando con un garitón en cada lienzo. De construcción rectangular, la torre del Homenaje se halla orientada hacia la población, estando junto a ella la puerta principal de entrada al recinto. En la parte opuesta hay un portillo que da al río, con un arco sencillo. Tan sólo dos pisos tiene esta torre del Homenaje, más una terraza, sirviendo de comunicación entre los adarves. Abovedado este su primer piso. Por uno de los laterales discurre la escalera de piedra por los que se accede a todos los compartimientos de la torre. En líneas generales se advierte una especial sobriedad arquitectónica por todo el edificio, nunca empleado con fines guerreros, de no ser en propia defensa. En un tiempo se le llamó «castillo de Valdecorneja».

Tiene el castillo un espléndido patio de armas, en el que debió haber dos pisos, hoy ya desaparecidos; dos pisos sobre columnas, cosa muy frecuente en los castillos de aquella época. El espacio de dicho patio ha sido totalmente remozado, limpiado de escombros y cegado el gran aljibe que tenía. Un pozo artesano y varias galerías subterráneas con posible salida al exterior fueron también elementos con los que contó el patio. Se asegura que hubo tres crujías rematadas por una crestería gótica, algunos de cuyos elementos parece ser que se conservan en una casa de la plaza mayor. Otro dato digno de tenerse en cuenta es que todos los lienzos están coronados por una hilera de matacanes de granito, lo que les proporciona cierta movilidad.

En lo que hace en los vanos, son de varios estilos, yendo desde la típica ventana con banco corrido doble, con arco gótico, hasta las ventanas rectangulares corresposndientes a obras posteriores, seguramente de los siglos XVII y XVIII. Otros detalles dignos de tenerse en cuenta son los signos de cantero, sobre todo en los sillares del pozo y la puerta principal. Según ciertos estudios del castillismo español, su estructura guarda grandes semajanzas con la del castillo de Arenas de San Pedro. La vista general del castillo de El Barco de Avila resulta verdaderamente sugestiva y armoniosa, prestando al entorno un tono de austera majestuosidad y destacando sobre el sosegado valle del Tormes, el río de los bellos romances y las antiguas historias.

Señorío principesco en su primera época, El Barco de Avila pasó posteriormente a manos de don García Alvarez de Toledo, al que Juan II aumentará sus posesiones con la villa de Alba de Tormes, haciéndose duque de aquella población. Efectivamente, la historia de El Barco y del castillo estarán siempre bajo el dominio de la casa de Alba, cuyos titulares pasaron largas temporadas en la fortaleza, lo cual hizo que el recinto se viera libre de luchas y deteriorados. Sólo los tuvo en guerras muy posteriores, como las promovidas por la sucesión de Carlos II el Hechizado, a finales del siglo XVII, y la de la Independencia contra los franceses. Dato curioso es que el castillo fue utilizado durante años como cementerio, todo ello en los últimos siglos, hasta que el deseo de conservarlo como patrimonio histórico de la villa, lo devolvió a su estado propio.

CASTILLO DE FRIAS (BURGOS)

CASTILLO DE FRIAS (Burgos)

Formas arquitectónicas de finales del siglo XII, o sea, románico bien trabajado, hecho a conciencia. Esta es la tarjeta de visita que nos presenta el castillo de Frías, del que Luis Quesada dijo: «Entre los castillos roqueros españoles, éste es uno de los de más bella estampa, sobre todo por lo que se refiere a la torre del Homenaje, encarnada sobre una roca inclinada». Cerca del castillo y de la población de Frías, el río Duero discurre por el valle, dando al paisaje una nota típicamente ribereña. A los pies de la fortaleza se desparrama el caserío, las calles antiguas, los rincones sosegados. Recordemos, que esta villa data del siglo IX, como lugar de incipiente repoblación de cántabros y vascones, tan presentes en los orígenes de Castilla.

Como ocurre en tantos castillos de España, también en éste de Frías hemos de constatar varias épocas en su proceso arquitectónico. Una primera de estilo románico y otras posteriores en las que se fueron incorporando otros elementos. Sobre todo un segundo período, correspondiente al siglo XV, cuando se convirtió en residencia de los duques de Frías y se creó el mayorazgo de este nombre. La población y todas sus posesiones perteneció a la Corona, otorgándole nuevas defensas el Rey Alfonso VIII para, tras carecer del valor estratégico que tuvo frente a los musulmanes, recobrarlo frente a ciertas insumisiones de la nobleza. El conde de Haro, don Pedro Fernández de Velasco pasará a regentar el castillo en 1446, no sin un cierto rechazo de los habitantes de Frías, hartos de los abusos de los poderosos.

Pese a las nuevas obras realizadas en los siglos XIV y XV, la verdad es que la estructura románica es la que en mayor medida perdura y embellece al castillo. Consta de una planta casi de forma cuadrada en torno al patio de armas, que era muy espacioso y estaba rodeado por tres pabellones, la portería, los salones a su mano izquierda y una crujía de

servicios a su derecha. Dos torres circulares en sus ángulos, componen la estructura del recinto, más otra cuadrada que también cumple el oficio de poterna. La entrada al edificio se hacía tras salvar un puente levadizo y por una puerta abierta sobre un cubo de planta rectangular. De este modo se pasaba al patio de armas, quedando la torre del Homenaje independiente del resto y con sus propios elementos defensivos.

La torre es de forma pentagonal y dispone de dos compartimentos interiores. Son dignos de contemplarse sus ventanales de corte románico con capiteles labrados en los que están representadas escenas con aves y guerreros a caballo, dando a las estancias un cierto tono monástico. Fue necesario reconstruir las antiguas barreras almenadas y equipadas con troneras de buzón, para el empleo de armas de fuego. Con este mismo equipamiento contaba la puerta-torre que daba entrada al castillo. A base de sillarejo reforzado en las esquinas está construida la torre del Homenaje, especie de mascarón de proa de esta pétrea nave anclada en las duras tierras burgalesas, intermedio de nubes y tierras de pan llevar.

Como se informa en las publicaciones dedicadas a este lugar, Frías ofrece un emotivo conjunto formado por el castillo roquero y las casas apiñadas en torno al cerro, pero también es de señalar otra visita importante, la que constituye el puente fortificado con torre central que hace posible el paso del Duero. Esta torre del puente de Frías está coronada de almenas y cuenta con matacanes defensivos en lo alto, sobre el arco, por uno y otro lado, conservando interiormente sala y terraza. Respecto al castillo, cabe decir que todavía en el siglo XVII se hallaba en perfectas condiciones. Felipe IV se preocupó mucho de mantenerlo en buen estado. Durante un tiempo sirvió como archivo de la casa de los Velasco y de sus posesiones en la provincia de Burgos. La última restauración se realizó recientemente.

CASTILLO DE GORMAZ (SORIA)

CASTILLO DE GORMAZ (Soria)

A orillas del río Duero, sobre una colina baja y amplia, hallamos las ruinas de este castillo de origen árabe, del que comenzamos a tener noticias fidedignas en la segunda mitad del siglo décimo, época en la que fue ocupado por los árabes tras la retirada del conde Fernán González. Parece ser que entonces la fortaleza experimentó una gran transformación, siendo reconstruida y ampliada, convirtiéndola en firme baluarte estratégico para la defensa de los territorios de su entorno. Todo este período musulmán alcanza hasta el 1047, año en que Fernando I de Castilla ocupó Gormaz y toda la cuenca del alto Duero. En 1083, tras incidentes que enemistaron al Cid Campeador con Alfonso VI, el de Vivar recibió el castillo de Gormaz como favor del rey, recompensándole de un gran favor.

La certeza de la ascendencia islámica de este castillo se percibe en infinidad de detalles. Como ha escrito el doctor Juan Manuel Zapatero, «la maravillosa fortaleza de Gormaz, levantada en el siglo X por los califas de Córdoba, para fijar la «Kora» o raya fronteriza del Duero con los reinos cristianos de León y Castilla»... Antigua alcazaba califal y posteriormente famoso castillo cristiano, sus actuales ruinas delatan épocas de enorme influencia, cuando en esta villa de la provincia de Soria se ponían a prueba los impulsos de cristianos y árabes. El citado autor, al que seguimos en este párrafo, comenta con gran sapiencia que Gormaz y su castillo eran una de las «puertas» de Castilla, que se abrían para correr «algaras» en territorios dominados por el Islam o para las «razzía», hoy tierras castellanas.

Las ruinas que actualmente contemplamos en Gormaz son las de un gran castillo árabe dividido en dos partes. Un castillo que nos recuerda aspectos de la Córdoba musulmana e incluso de otros monumentos del Damasco de los Omeyas. Al norte se encuentra lo que podríamos llamar el auténtico castillo, con sus veintitantas torres y grandes

dependencias, todo ello pura rememoranza, dolorosa ruina. Al sur se extiende una gran plaza de armas amurallada, a la que se tiene acceso por una gran puerta de herradura. Sin duda, la torre del Homenaje es de época posterior, casi con toda seguridad construida por caballeros cristianos. Todavía se conservan restos de una mezquita, así como de fosos, puertas y otros elementos, todo ello arrasado por el tiempo y el abandono, sólo acogido interiormente por la enorme solidez de los muros milenarios.

Uno de los hechos más trascendentes de la historia de este castillo corresponde al año 975, cuando la fortaleza y los que en ella se hallaban, todos ellos moros, quedaron peligrosamente sitiados por Ramiro II de León. Los musulmanes quedaron contravalados por sesenta mil hombres, de a pie y a caballo, mandados por Sancho García, señor de Pamplona; García Fernández, señor de Castilla; Fernando de Peñafiel, y los Banú-Gómez, señores de Alava. La gran batalla se libró entre el 14 de mayo y el 2 de julio, terminando con una severa derrota del rey de León. Refería el poeta árabe Wazir que el 27 de junio la lucha entre moros y cristianos fue tan cruenta que llegaron a enrojecer las aguas del río. Pero en 1047, como queda reseñado, Fernando I conquistó definitivamente el castillo, que ya no volvió nunca a manos islámicas.

Hasta veintiséis torres separadas por lienzos de muralla tiene el castillo. Torres macizas, sobre todo en el primero y segundo piso, y sólo utilizables en el adarve. No se advierte ventana o vano alguno hasta el tercer piso. Dada su situación actual, resulta difícil saber cómo tenían su almenaje, aunque cabe suponer que llevarían la clásica almena árabe tronco-cónica. Un alargado cerro de 300 x 30 metros es la superficie ocupada por el castillo. Otra particularidad del mismo es que estando sus torres en las partes extremas del cerro y levantadas sobre la roca viva, no necesitaban barrera. La altura de los lienzos es de 10 metros. La torre del Homenaje fue construida en parte con sillares califales, reutilizados, y también con sillarejo y ladrillo, materiales utilizados en los siglos XIV y XV.

CASTILLO DE SAN MARTIN DE VALDEIGLESIAS (MADRID)

CASTILLO DE SAN MARTIN DE VALDEIGLESIAS (Madrid)

Los recuerdos de tantos episodios históricos hacen a este castillo de San Martín de Valdeiglesias lugar apetecible para quienes gustan de evocar el pasado de estos pueblos castellanos. La villa que da nombre al castillo, también conocido como el de la «Coracera», sin que hayamos podido averiguar el motivo, es hoy una importante población situada a 65 kilómetros de Madrid, próxima a las estribaciones orientales de la sierra de Gredos y al río Alberche y no lejos de los famosos «toros de Guisando». Según los historiadores se hace remontar su origen a la época en que los visigodos ocuparon la Península Ibérica, siendo el príncipe Teodomiro el fundador de la primitiva fortaleza. Se dice —lo cuentan las crónicas— que aquí hubo también una abadía cisterciense, eregida por un monje benedictino llamado Guillermo, favorecido por Alfonso VIII.

El castillo está situado en un breve otero que hay en la parte noroeste del pueblo. Paisaje sereno, limpio, luminoso, con atardeceres que recogen el canto de los pájaros y el eco lejano de algún rebaño disperso que pace sobre liegos y rastrojeras. La fortaleza consta de un recinto cuadrado en cuyos ángulos se levantan tres cubos circulares, más otro, el cuarto, que fue siempre la torre del Homenaje, de traza ligeramente pentagonal. Una barrera, con puerta entre dos cubillos, junto a la torre principal, rodea el castillo por tres cuartas partes. También podemos observar la presencia de una torre albarrana, que sirve de conexión con el primer piso de la mencionada torre del Homenaje, obra que mantenía aislada la parte central y más importante del monumental edificio.

La fortaleza, como queda dicho, se halla ubicada sobre un pequeño montículo desde el que se domina la villa. A continuación de la puerta de entrada, de la que ya hemos hecho mención, hay un pequeño patio en cuyo muro fronterizo existe otra puerta que da acceso al cuerpo interor del castillo, de planta triangular, que constituye una especie de reducto supremo para la defensa del castillo, cuya extensión domina por completo. En el frente occidental, donde se encuentra la puerta exterior de la fortaleza, se perciben las aristas flanqueadas por otros torreones de tamaño inferior, entre los que destaca un cubo mayor adosado a la torre con el fin de reforzarla. De la parte del este arranca el recinto interior, con gruesos torreones en sus ángulos, rasantes al nivel de los lienzos. En el patio de armas estuvieron las dependencias auxiliares del castillo.

Como se ha escrito en varias ocasiones, la historia del castillo de San Martín de Valdeiglesias tuvo su iniciación en las repoblaciones mandadas hacer por Alfonso VIII en estas tierras, y formaba parte de un conjunto de iglesias, que en total eran siete, las cuales componían el llamado val de iglesias, todas ellas situadas alrededor del monasterio cisterciense de Valdeiglesias, hoy junto a la presa del embalse de San Juan, monasterio que se fundó en 1148. El castillo está considerado como obra de la última etapa del siglo XV, el cual vino a sustituir a unos castillejos que hubo en la Peña de Amoclón y Muñana, construidos sobre terreno rocoso, cuya función consistía en servir de vigías entre este territorio y el del comienzo del fértil valle de La Vera. Los primeros propietarios del castillo fueron los Luna, destacados nobles protegidos por Juan II, hasta que perdieron el favor real.

Toda la fortaleza es de severa traza, edificada a base de gruesa mampostería, habiendo sido objeto, hace años, de una completa y bien dirigida restauración, la cual se percibe de inmediato, haciéndose más evidente en la renovación del cuerpo central, anteriormente desmochada, habiéndose completado el almenaje. Como explicó el ilustre estudioso don Angel Dotor, «en el interior aparece recobrado el esplendor de otrora, pues además de reparar la fábrica arquitectónica se ha cuidado de decorar y amueblar las estancias con el gusto más depurado». Digamos finalmente que el castillo ha estado habitado durante mucho tiempo, lo cual ha influido en su buena conservación. Ha sido propiedad del marqués de Valdeiglesias y de los barones de Sacro Lirio, pasando posteriormente a otros propietarios.

 Castillo «San Martín de Valdeiglesias»

CASTILLOS DE CASASOLA Y DE LOS CONDES, EN CHINCHON (MADRID)

CASTILLOS DE CASASOLA Y DE LOS CONDES, EN CHINCHON (Madrid)

Sin duda alguna Chinchón es uno de los enclaves históricos más antiguos de la Comunidad de Madrid. En su término existen numerosos vestigios de la época prehistórica entre ellos cuevas en la zona de la vega del Tajuña, donde han aparecido hachas pertenecientes al Neolítico. También es sabido que por aquí se extendía la antigua Titultia romana. En 1967 apareció, en el paraje llamado «Dehesa de Villaverde» un sarcófago romano catalogado por el profesor don Manuel Criado de Val como perteneciente al siglo II de nuestra era. Durante toda la alta Edad Media fue señorío de la ciudad de Segovia, siendo elevada a la categoría de villa por Enrique IV, ya en el siglo XIV, pasando a manos de don Andrés de Cabrera y de su esposa doña Beatriz de Bobadilla en 1480.

Pero al hablar de Chinchón, como anteriormente sucedió con Manzanares el Real, debemos referirnos a dos castillos, el de «Casasola», dando vistas a la vega del Tajuña,, y el conocido —y principal, por otra parte— con el nombre de «Los Condes». El primero —lo que de él queda— es gótico, del siglo XIV, conservándose en muy mal estado. Sus muros son de piedra, sillarejo y mampostería. Queda el foso con un puente y tres arcos, así como los torreones con sus bóvedas. Posee una interesante salida de emergencia, formada por un hueco central cuadrado, con ventanas, y en su entorno rampas y en las paredes hornacinas. Fue construido por don Juan de Contreras, el Viejo, quien acotó el terreno que lo circunda, por lo que se quejó el príncipe don Enrique. Aquí celebraron reuniones los políticos liberales, en las que trataron de la proclamación de Alfonso XII.

El de «los Condes», construido un siglo después que el anteriormente citado, está en la parte sur de la población y tiene plaza de armas y puente levadizo. Como queda dicho, los Reyes Católicos crearon el señorío de Chinchón y se lo concedieron a sus fieles vasallos los marqueses de Moya, mandando apartarlo y eximirlo de la jurisdicción de Segovia. «Vos facemos gracia, merced y donación como dicho es con justicia y jurisdicción civil y criminal alta e baja meromisto imperio e rentas e pechos y derechos e penas y calumnias y otras cualesquiera cosas pertenecientes al señorío de los dichos lugares, para que todos ellos sean vuestros y para que vuestros herederos y sucesores después de vos»... Así constaba en el documento real de concesión, nombrando a don

Andrés de Cabrera y Beatriz de Bobadilla verdaderos reyezuelos de Chinchón.

De entonces data la fortaleza de Chinchón, de los condes de Chinchón, título que Isabel y Fernando concedieron a este nobilísimo matrimonio, cuya influencia en toda Castilla llegó a ser muy grande. El castillo es de planta rectangular, perteneciente al gótico tardío, con torreones circulares en los ángulos. Es evidente que hubo torre del Homenaje, situada al noroeste, conservando el subterráneo, el aljibe y dos poternas. En su parte más noble se hicieron obras posteriormente, y no hace mucho se reconstruyó

parte de la planta baja para ser utilizado como destilería de una famosa marca de anís. Después de pertenecer a la familia Cabrera-Bobadilla fue propiedad de los Borbones. Antes de entrar en el castillo, por su puente levadizo, se encuentra el patio o plaza de armas, con una superficie de sesenta y tres áreas.

Sobre la entrada de la fortaleza campea el escudo heráldico de los condes de Moya, sobre cruz de Santiago, agregándose corona de marqués y el águila isabelina. En los cuarteles del escudo podemos contemplar, además de la cabra y de las águilas y castillos de los linajes mencionados, el león y el castillo, armas reales agregadas a las suyas, honra que sólo alcanzaron de los Reyes Católicos, los primeros señores de Chinchón y, posteriormente, Cristóbal Colón.

Como es natural, una vez en Chinchón, tras la visita a sus dos castillos, hay que ver su monumental plaza mayor, la torre, otra adosada a la desaparecida iglesia de Nuestra Señora de Gracia, la parroquia de la Asunción, el edificio del teatro, el convento de las Clarisas, la Casa de la Cadena, el ábside de San Martín y el Museo de Arte Sacro. Como se sabe en la plaza mayor de Chinchón se celebra una representación de la Pasión, famosa en toda España.

CASTILLOS DE MANZANARES EL REAL (MADRID)

CASTILLOS DE MANZANARES EL REAL (Madrid)

Al referirnos al castillo de Manzanares el Real hay que dar noticia de otra vieja fortaleza que hubo en la villa y de la que todavía quedan restos a la entrada de la población, por la carretera de Cerceda. Este primitivo castillo perteneció también al marqués de Santillana. Que conserva un muro exterior rectangular de 44 x 36 metros. En el ángulo sureste se hallaba la torre del Homenaje, cuadrada, y las otras tres eran de forma circular, una de ellas de superior tamaño a la del Homenaje. Su construcción data del siglo XIV y es de estilo mudéjar, con bandas de ladrillo que limitan cajas de piedra, granito en este caso, colocado a «espejo», o sea presentando mucha superficie exterior y escasa profundidad. El viejo castillo es conocido por los habitantes de la villa como «Plaza de armas» y en sus salas se copiaron muy valiosos manuscritos que posteriormente pasaron a formar parte de la gran biblioteca del marqués de Santillana.

El actual y famoso castillo de Manzanares el Real, donde se celebran numerosos actos culturales y se han filmado muchas películas de temas históricos, fue edificado un siglo después que el primero, siendo su impulsor don Iñigo López de Mendoza. Emplazado en el extremo oriental del pueblo, consta de dos cuerpos, el principal cuadrado con cubos en los ángulos y torre del Homenaje también cuadrada. El segundo bloque es de planta irregular e incluye la cabecera de una iglesia románica-mudéjar del siglo XIII, denominada de Nuestra Señora de la Nava, que debía existir antes de la construcción del castillo. La periodista y estudiosa de los temas madrileños, Isabel Montejano, la relaciona con la de Santa María del Vado, mencionada por el Arcipreste de Hita en «El libro de Buen Amor», aportando muy buenas razones.

El patio del castillo es rectangular, con dos galerías de arcos conopiales —rememoranzas mitológicas del antiguo Egipto— molturados sobre columnas octogonales. La cornisa del piso superior está adornada con bolas, que representan escudos de los Mendoza, Luna y Enríquez. «Sobre el adarve meridional —ha comentado Isabel Montejano—, la galería del castillo es de bellísima traza flamígera sobre antepechos decorados a base de puntas de diamante». Efectivamente se trata de una fortaleza renacentista construida para mostrar el esplendor de una gran época española y de una de las familias más ilustres, pues Manzanares el Real albergó a uno de nuestros más insignes poetas, el Marqués de Santillana, hombre, además, adicto al estudio de los grandes temas humanísticos. Todo ello quedó reflejado en estas estancias.

Como es natural, el edificio ha experimentado varias transformaciones, agregándosele nuevos elementos de confort, sobre todo a partir de las normas dictadas por los Reyes Católicos, en las que se exigía a la nobleza que adaptara la funcionalidad de torres y castillo a las exigencias de los nuevos tiempos. Así en 1473, el hijo de don Iñigo lo amplió y convirtió en auténtica mansión palaciega, y poco después el segundo duque del Infantado mandó construir la galería meridional. El actual castillo copia la planta del anterior, con el apéndice de la capilla, más una gran barrera que rodea el contorno, dándole una especial fisonomía, propia de la época renacentista. La galería diseñada por Juan Guas, arquitecto de los Reyes Católicos, es una de las joyas del edificio.

También aquí la historia de la villa de Manzanares el Real y la del castillo han discurrido de forma convergente durante el último medio milenio. Los historiadores recuerdan cómo fueron unos pastores segovianos los fundadores del primer poblado, allá por 1247, y las disputas entre segovianos y madrileños por hacerse con la dependencia de la villa no cejaron hasta prácticamente el siglo XVIII. El título de «Real» le fue conferido por Sancho IV, quien la incorporó definitivamente a la Corona, hecho que otros autores lo atribuyen a su padre Alfonso X el Sabio. Actualmente el castillo es propiedad de los duques del Infantado, quienes lo cedieron a la Comunidad de Madrid por el sistema de arrendamiento simbólico. Magníficamente restaurado, está dedicado a museo y lugar de encuentros culturales. Quien estas líneas escribe ha participado en algunos de ellos.

Se terminó de imprimir el día 9 de
Noviembre de 1993, Aniversario de
Ntra. Sra. de la Almudena.
Madrid (España)